AF391029

PRINCIPES

DE

MORALE CATHOLIQUE

APPROBATION

Permis d'imprimer l'opuscule intitulé : *Principes de morale catholique*, par M. Jules Didiot, Docteur en théologie, etc.

Cambrai, le 31 Octobre 1884.

† HENRI MONNIER

ÉV. DE LYDDA, VIC. CAP.

PRINCIPES

DE

MORALE CATHOLIQUE

rédigés conformément au Programme
des écoles catholiques de l'Archidiocèse de Cambrai,

PAR

JULES DIDIOT

Docteur en théologie,
Chanoine honoraire de Cambrai, Bayeux et Verdun,
Doyen aux Facultés Catholiques de Lille.

LILLE

J. LEFORT, ÉDITEUR

1884

Droits de traduction et de reproduction réservés.

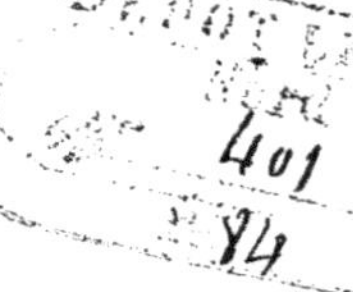

AVERTISSEMENT

Autant la morale *laïque*, enseignée dans les écoles primaires de l'Etat d'après les programmes officiels, et souvent avec des livres condamnés par l'Eglise, crée de redoutables périls à la foi et à la conscience des enfants : autant la morale *catholique*, enseignée dans les écoles chrétiennes d'après des programmes et avec des manuels approuvés par l'autorité ecclésiastique, offre de précieux avantages.

Toutefois, ces écoles libres et catholiques, abondamment fournies de manuels de morale dûment autorisés, manquaient jusqu'à présent de programmes fixés par l'épiscopat, et se contentaient trop facilement de ceux du Ministère de l'Instruction publique.

L'honneur d'avoir comblé le premier cette lacune fâcheuse, revient au noble et saint Archevêque dont l'Eglise de Cambrai célèbre les funérailles au moment même où nous écrivons ces lignes. Mgr Alfred Duquesnay voulut, pour ses chères écoles libres, un programme très ferme, très étudié, très complet. Il voulut que la partie relative à l'instruction religieuse et morale fût l'objet d'une attention toute spéciale ; et il daigna paternellement bénir le commentaire que nous en publions· aujourd'hui sous le titre de *Principes de morale catholique*.

Les maîtres chargés de donner, dans nos écoles, l'enseignement si grave et si délicat de la morale, trouveront aisément dans ce livre toutes les explications dont ils ont besoin. Qu'ils n'en cherchent pas trop ailleurs : ils risqueraient de puiser à des sources peu dignes de leur confiance. Le *texte courant* de ce petit traité, de même que les *sommaires* et les *notes* dont il est accompagné, s'adresse surtout à eux. Avec un peu de réflexion, ils l'entendront et le commenteront facilement. Ils pourront aussi en tirer profit, pour l'enseignement *pratique* de la morale, dans les cours inférieurs où le catéchisme est le seul manuel d'instruction religieuse et morale qu'on doive mettre aux mains des enfants.

Le *résumé*, par questions et par réponses, qui suit notre *Introduction* et chacun de nos *Chapitres*, est principalement destiné aux élèves; ceux-ci pourront aisément l'apprendre de mémoire. Mais ils ne se contenteront pas de cette étude abrégée, et l'on aura soin de leur faire connaître tout le volume, en le prenant au moins comme livre de lecture. Nous conseillons de leur en expliquer le texte et l'enchaînement; de leur faire saisir peu à peu le sens des *notes,* et de les préparer même à de petits travaux de rédaction dont nos *sommaires* fourniraient le sujet.

Ainsi commentés dans l'école, ces *Principes* pénétreraient jusque dans la famille; et, avec le *Catéchisme* et le *Livre de prières,* ils y maintiendraient l'esprit chrétien qui est en toute vérité l'esprit français.

Dr J. D.

23 Septembre 1884.

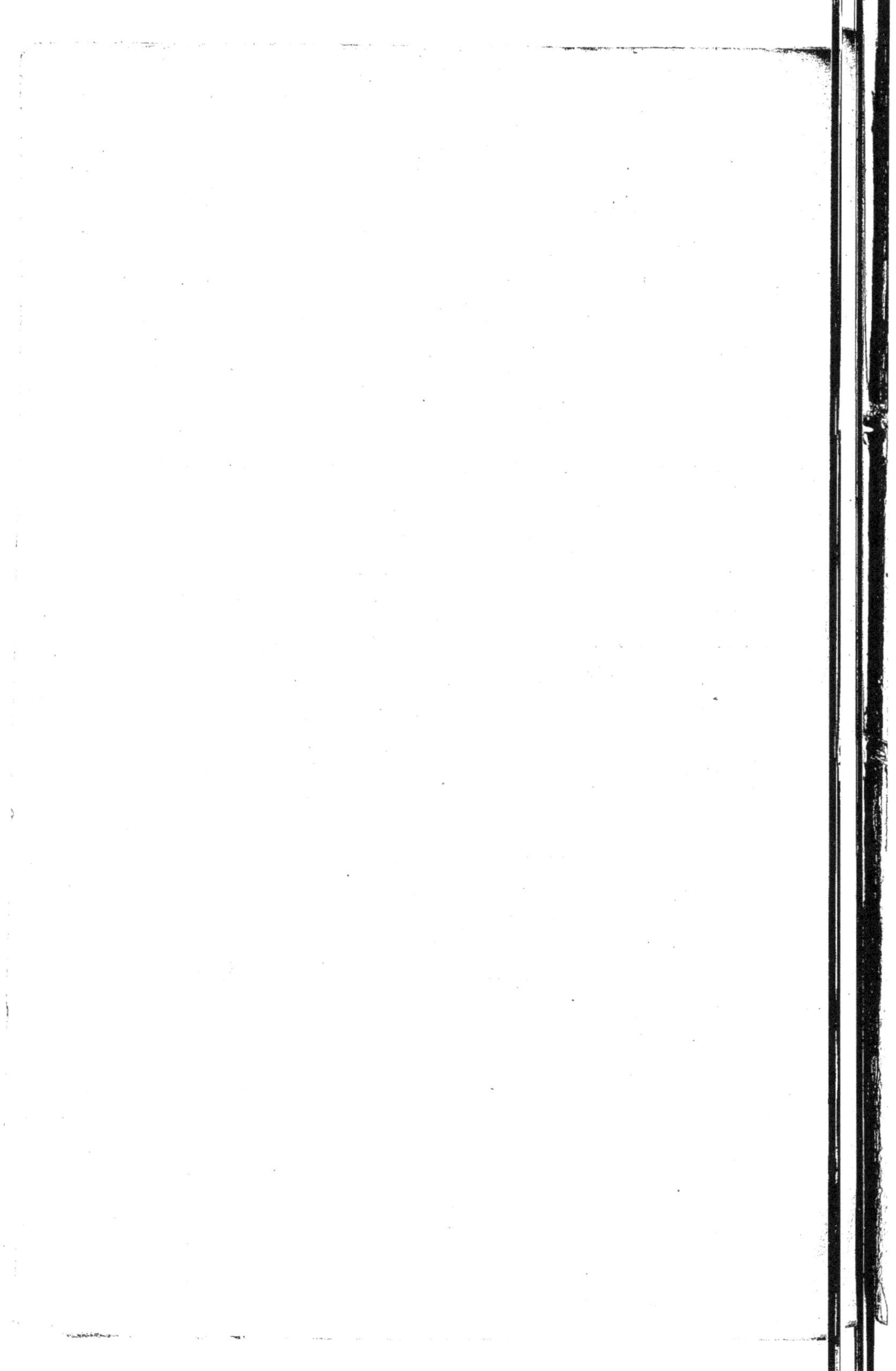

INTRODUCTION [1]

SOMMAIRE : 1. Définition de la morale; — 2. son objet; — 3. sujet auquel elle s'applique; — 4. but de la morale; — 5. ses résultats; — 6-7. sa nécessité; — 8-9. deux degrés de morale : morale naturelle, morale surnaturelle; — 10-12. deux façons de connaître la morale naturelle : le raisonnement et la révélation; — 13. nécessité absolue de la révélation pour connaître la morale surnaturelle; — 14-15. la morale naturelle et la morale surnaturelle sont également obligatoires et forment ensemble une seule morale catholique, tout entière obligatoire; — 16-18. la morale et le catéchisme; — 19-20. méthode suivie dans ce livre; — 21. division du cours en trois parties.

1. Le nom de *morale* vient d'un mot latin (2) qui signifie les *mœurs*, c'est-à-dire les actions et habitudes bonnes ou mauvaises de l'homme. — La *morale* est donc *la science qui connaît et qui applique les lois établies par Dieu et par ses représentants pour le bon gouvernement des mœurs humaines.*

2. L'*objet* de la morale est l'ensemble de ces lois qui sont relatives aux mœurs humaines et qui sont appelées pour cela *lois morales*. En tant qu'elle les

(1) Cette introduction ne doit être négligée ni par les maîtres, ni par les élèves. Elle renferme, en effet, des notions absolument nécessaires à l'intelligence des leçons suivantes.

(2) *Mos, mores;* en grec *éthos*, d'où le mot d'*éthique* parfois employé pour désigner la morale.

connaît simplement, la morale est une science *théorique* ou *spéculative*; en tant qu'elle les *applique,* c'est une science *pratique* (1).

3. Le *sujet* auquel la morale les applique est *l'homme individuel* ou *collectif*, c'est-à-dire chacun de nous en particulier, ou chacune des sociétés que nous formons sur la terre. La morale règle donc les mœurs, non seulement des individus, mais aussi des familles, des associations de tout genre, des peuples eux-mêmes.

4. Le *but* de la morale est de conformer les mœurs humaines à la *volonté de Dieu* manifestée par les lois morales, et d'établir ainsi *l'ordre* dans les consciences et dans les sociétés (2).

5. Le *résultat* de la morale, si elle était toujours écoutée, serait la parfaite soumission de l'homme et du genre humain tout entier à la volonté divine; et comme cette soumission parfaite est pour l'humanité un gage certain de bonheur temporel et surtout de bonheur éternel (3), le résultat de la morale fidèlement pratiquée serait de mettre tous les hommes en possession de ce double bonheur. — Par contre, la violation de la morale nous expose, si elle n'est réparée par le repentir, aux justes et

(1) Il y a, en effet, deux sortes de sciences : les unes nous enseignent comment les choses sont; les autres, comment elles doivent se faire. La morale appartient simultanément à ces deux catégories.

(2) L'ordre est la situation des êtres quand ils sont d'accord avec leur principe et leur fin dernière, c'est-à-dire avec Dieu. Le désordre est la rupture de cet accord.

(3) Le bonheur résulte de l'ordre; le malheur, du désordre. C'est un fait d'expérience dont l'explication se trouvera presque à chacune des pages de ce livre.

terribles châtiments de Dieu, souvent dès cette vie, toujours dans l'autre (1).

6. De là, nous concluons à la *nécessité* de posséder la science morale. Car ce n'est pas assez de connaître ou de croire le vrai, comme le prétendait Luther, fondateur du protestantisme (2); il faut se conformer aussi aux préceptes de la morale. « La foi sans les œuvres, dit la sainte Ecriture, est une foi morte (3). » — Or, comment pourra-t-on conformer sa vie aux lois morales, si on ne les connaît pas? Comment la foi agira-t-elle bien, si elle ne sait pas de quelle manière il faut agir?

7. Cette *nécessité* de la science morale s'impose à *tout homme* qui a l'usage de sa raison et qui, par conséquent, est capable d'agir et de vivre en homme. Mais elle s'impose plus particulièrement à tout homme *revêtu de quelque autorité* et obligé par là-même à diriger, dans une certaine mesure, les actions de ses inférieurs. Plus son autorité est grande et élevée, plus aussi la connaissance de la morale lui est nécessaire (4).

8. On doit distinguer *deux degrés* dans la morale,

(1) Il faut que le désordre soit expié et l'ordre rétabli. Pour cela, il y a deux moyens : la pénitence volontaire des créatures morales, ou le châtiment de la justice divine.

(2) Grand ennemi de la morale naturelle, sous prétexte d'exalter la grâce et la morale révélée, ce réformateur fameux ne fut rien qu'un moine immoral et un corrupteur de la morale évangélique. On sait quels scandales il donna et autorisa.

(3) Ep. de S. Jacques, ii. 20.

(4) Ce principe, tout certain qu'il est, n'est-il pas singulièrement oublié de notre temps? Est-ce aux sages et aux moralistes sérieux que les sociétés actuelles demandent des lois et des gouvernements?

c'est-à-dire *deux ordres de lois* prescrites par Dieu pour le gouvernement de la vie humaine : les unes, en effet, sont purement *naturelles* (1) et indiquent à l'homme le chemin qu'il doit suivre pour vivre en créature raisonnable, pour honorer son Créateur, et pour arriver au bonheur final qu'une âme immortelle et intelligente peut obtenir après une existence pure et bonne. La science de ces lois *naturelles* se nomme la *morale naturelle.*

9. Mais Dieu n'a jamais laissé l'homme sous l'empire de ces seules lois naturelles. Dès le premier instant de la création, il l'a adopté pour *fils,* en lui donnant la *grâce* sanctifiante et en le destinant à un bonheur *surnaturel* (2) qui est celui dont il jouit lui-même dans son infinie béatitude. Or, pour que l'homme vive, non plus seulement en créature raisonnable, mais en *fils adoptif de Dieu ;* pour qu'il sache user des moyens surnaturels qui doivent le conduire jusqu'à la béatitude surnaturelle, Dieu lui a donné de nouvelles lois, des lois plus saintes et plus sublimes, des *lois surnaturelles,* dont la science se nomme la *morale surnaturelle.* Le péché originel a bien pu suspendre un instant mais non détruire entièrement les dispositions

---

(1) Nous entendons ici par « naturel » ce qui est contenu dans le domaine de la nature humaine ; et par « nature humaine » ce qui est nécessaire pour que l'homme soit homme, et ce que l'homme peut exiger ou produire par le fait même qu'il est homme.

(2) Nous entendons par « surnaturel » non pas ce qui est immatériel, invisible, spirituel, comme on a grand tort de l'entendre de nos jours ; mais ce qui est tellement au-dessus de la nature humaine et angélique que jamais cette nature, abandonnée à elle-même, n'aurait le droit de l'exiger ou le pouvoir de le produire.

de la bonté divine; et la miséricordieuse rédemption dont nous avons été l'objet n'a fait que les cimenter et les accroître (1).

10. Les lois divines de la morale *naturelle* sont manifestées à l'homme de deux façons. Tout d'abord Dieu les a écrites dans *notre nature* elle-même et au fond de *notre conscience*, de telle sorte que si nous nous connaissions bien nous-mêmes, notre corps et surtout notre âme, si nous connaissions bien le monde extérieur et nos relations avec lui, nous arriverions sûrement aussi à connaître notre divin Créateur, les droits qu'il possède sur nous, les devoirs que nous avons envers lui, les obligations qui nous lient envers les autres hommes et envers nous-mêmes; notre conscience nous révélerait donc clairement les lois de la morale naturelle.

11. Mais, en fait, l'homme se connaît si peu, il oublie si habituellement et si profondément son âme, il sait si peu voir les vestiges du Créateur dans la création, il laisse ses passions obscurcir si complètement son esprit et étouffer si brutalement la voix de sa conscience, qu'il n'arrive que très difficilement par-lui-même à connaître Dieu et ses devoirs envers lui, envers le prochain, envers soi-même. L'histoire lamentable des païens et des hommes qui s'éloignent chaque jour encore de la religion chrétienne, prouve évidemment cette extrême difficulté de découvrir dans notre nature et notre conscience

(1) Qu'on prenne garde ici aux erreurs protestantes et jansénistes sur les ravages du péché originel que ces erreurs considèrent comme tellement profonds qu'ils n'ont pu être vraiment réparés par la rédemption.

toutes les prescriptions de la morale naturelle (1). Aussi Dieu a-t-il daigné nous les enseigner d'une autre manière, plus facile, plus claire et plus certaine.

12. En effet, il nous les a *révélées* : c'est-à-dire qu'il n'a point voulu nous laisser la peine de les rechercher et nous exposer au danger de ne pas les découvrir ; mais qu'il les a enseignées intérieurement et extérieurement à Adam, à Moïse, aux prophètes, aux écrivains inspirés de l'Ancien et du Nouveau Testament ; se servant parfois de l'intermédiaire des anges, et complétant enfin cette révélation par son divin Fils, Notre Seigneur Jésus-Christ, qui en a confié la garde et l'explication à son Eglise infaillible (2). Cette façon surnaturelle de nous enseigner la morale, même la morale simplement naturelle, date du premier jour du monde. Il y a toujours eu sur la terre, principalement dans le peuple juif et ensuite dans le peuple chrétien, une voix surnaturelle et divine pour l'enseigner. Par conséquent, la morale *naturelle*, toute naturelle qu'elle est par son objet et par son but, a toujours été *surnaturelle* par la manière dont le genre humain a pu la connaître dès l'origine. Combien cette seconde façon de

(1) Pour se convaincre de cette extrême difficulté, il suffit de parcourir quelque histoire impartiale de la philosophie humaine, fût-elle écrite par un auteur étranger à la foi catholique. Qu'on lise, par exemple, les nombreux aveux du *Dictionnaire des Sciences philosophiques* de M. Franck.

(2) Les actes des Souverains Pontifes et des Conciles, les écrits des saints docteurs et des moralistes approuvés dans l'Eglise, enseignent et commentent cette morale révélée dont l'interprète infaillible, le gardien toujours vigilant, est saint Pierre vivant dans ses successeurs. La Bible et la Tradition catholique forment le trésor où se conserve sans atteinte le dépôt sacré de la foi et de la morale chrétiennes.

nous la manifester est supérieure à la première! Au lieu de pénibles recherches et de raisonnements souvent incertains, il nous suffit d'entendre la parole de Dieu et de l'accueillir par un simple acte de foi : et aussitôt, sans hésitation, sans incertitude, sans effort, nous savons tout ce que nous avons naturellement à faire pour remplir tous nos devoirs, et pour atteindre à la perfection morale de notre nature.

13. Quant aux lois de la *morale surnaturelle*, nous ne saurions aucunement les connaître ni même les soupçonner par notre seule raison naturelle; parce qu'elles ne résultent point de nos relations naturelles avec Dieu, mais de ses dispositions absolument libres, absolument inaccessibles à tout esprit créé (1). La révélation de ces lois était donc d'une entière nécessité pour que nous les connussions, et elle s'est faite de la manière précédemment indiquée. Mais ce n'est pas à cette révélation que la morale surnaturelle doit principalement son caractère et sa sublimité : elle les doit avant tout à la fin où elle nous conduit, aux prescriptions qu'elle nous impose, aux moyens dont elle nous prescrit et nous enseigne l'usage (2).

(1) La raison humaine peut bien découvrir ce qui est contenu dans les êtres avec lesquels elle est en rapport immédiat. Mais comment pourrait-elle savoir ce qui est dans l'être inaccessible de Dieu, si Dieu même ne le lui révélait?

(2) Tout ceci se trouvera expliqué longuement plus tard. Une fois pour toutes, observons que l'intelligence approfondie de nos *Principes de morale catholique* suppose qu'on les a lus complètement, qu'on les a médités, et qu'on a pris soin de comparer ensemble les diverses parties et les divers chapitres dont ils se composent.

14. C'est une grande erreur de croire que nous puissions nous contenter de la morale *naturelle*, révélée ou non. Elle ne nous suffit point, parce que nous ne sommes pas simplement des *hommes*, mais des *chrétiens*. D'autre part, la morale *surnaturelle* ne nous dispense pas de la morale *naturelle*, parce que nous ne cessons pas d'être des hommes en devenant des chrétiens. Toutes les deux s'imposent donc à nous et forment ensemble une seule *morale révélée*, qu'on appelle aussi la morale *chrétienne*, la morale *évangélique*, la morale *catholique*. Dans cette unique morale *révélée*, les lois *naturelles* sont comme la base, et les lois *surnaturelles* comme le couronnement d'un majestueux édifice : par les unes, notre morale touche à la terre; par les autres, elle s'élève jusqu'au ciel. L'homme n'a pas le droit de se contenter des plus humbles, car Dieu lui a fait une noble et heureuse obligation de monter plus haut par la grâce (1); et il n'a pas le droit d'obéir seulement aux plus sublimes, car Dieu n'a pu le dispenser d'être toujours une créature soumise aux lois de la nature morale.

15. C'est de cette morale complète, tout ensemble naturelle et surnaturelle, objet de notre raison et de notre foi, que nous avons à recueillir et à suivre les commandements. Prétendre, comme beaucoup le font aujourd'hui, en négliger la partie surnaturelle, serait

(1) Qu'on n'oublie pas cette obligation formelle. Dieu aurait pu nous offrir sa grâce et sa gloire comme des dons ou perfections facultatifs. Il ne l'a pas voulu; et il a décidé que ces dons ou perfections seraient obligatoires, et que si quelqu'un les refusait par orgueil ou lâcheté, il en serait puni par la perte éternelle du bonheur, même naturel, auquel il eût pu prétendre si Dieu n'avait appelé le genre humain et les anges à cet ordre surnaturel de grâce et de gloire.

apostasier notre baptême et renoncer au catholicisme. Prétendre s'en tenir aux lueurs vacillantes de la raison et fermer les yeux aux éclatantes lumières de la révélation divine, serait nous ranger parmi les païens et retomber dans les douloureuses incertitudes, dans les honteuses ignorances, dans les criminels écarts, dont la morale révélée a si heureusement délivré les âmes dociles à la parole de Dieu.

16. La morale catholique, à la fois naturelle et surnaturelle, est contenue tout entière, et sans aucun mélange d'erreur, dans le *trésor de la révélation* fidèlement conservé et très sagement distribué au monde par la sainte Eglise Romaine. Elle est donc contenue, tantôt en abrégé et tantôt plus au long, dans le *Catéchisme catholique*, puisque celui-ci n'est autre chose que l'enseignement sommaire de l'Eglise et le résumé de la révélation. Que sont, en effet, ces chapitres du Catéchisme où nous apprenons ce que nous devons *faire et éviter*, ce que nous avons à *demander et à recevoir,* sinon de véritables petits traités de morale naturelle et surnaturelle? Toute morale qui ne s'inspire pas du Catéchisme est donc une morale incomplète, incertaine, souvent fausse. Toute morale en opposition avec le Catéchisme est une morale certainement fausse, impie, mauvaise et souvent immorale (1).

(1) On pourrait consulter avec fruit, sur ce point de haute importance, les *Compte-rendus* des Congrès catholiques de Lille, de 1882 et 1883. Il a été solennellement constaté que le *Catéchisme* demeurait le meilleur manuel de morale ; et que si les nécessités du temps obligeaient à en donner quelques commentaires, elles ne pouvaient autoriser qui que ce soit à prétendre le remplacer par quoi que ce soit.

17. Aussi nos *Principes de morale catholique* ne sont pas autre chose qu'un appendice, un développement, une explication et parfois un résumé d'une partie du Catéchisme. Le Catéchisme suppose et sous-entend quelquefois des vérités que nous formulerons explicitement. Quelquefois aussi il établit des axiomes dont nous aurons à tirer les conséquences. Quelquefois encore il se borne à des prescriptions générales dont nous ferons l'application pratique ; ou bien il énonce d'une façon plus simple et plus familière, avec des détails plus nombreux et plus pratiques, ce que nous devrons exposer avec une méthode plus serrée et plus scientifique. Mais c'est là tout notre rôle. A nos yeux, le professeur de morale est l'humble auxiliaire du prêtre, comme ce petit livre est le modeste et fidèle commentaire du Catéchisme catholique.

18. Là se trouve justement l'utilité de l'étude que nous proposons en ce moment aux jeunes élèves de nos écoles catholiques. L'enseignement de la morale leur fera mieux comprendre l'enseignement de la religion. Ils verront plus clairement comment les lois divines doivent régir toute vie individuelle, toute vie sociale. Ils se rendront un compte plus exact de ce que doit être un vrai catholique, de ce que doit être une nation vraiment chrétienne. Et si, à cette instruction, ils joignent la ferme volonté de bien agir, nous leur promettons qu'ils se feront certainement honneur à eux-mêmes, aussi bien qu'à l'Eglise et à la France.

19. Voici de quelle manière nous voulons leur enseigner la morale. Pour les lois *surnaturelles* qu'elle

renferme, nous faisons appel à leur foi de chrétiens qui seule peut les leur faire connaître, en les recevant de la bouche de Dieu et de son Eglise. Pour les lois *naturelles*, nous faisons appel à leur foi et à leur raison : à leur foi, puisque Dieu, ayant daigné nous les révéler, bien qu'il n'y fût pas obligé, a un droit rigoureux à l'assentiment de notre foi; à leur raison, puisque cette faculté, quand elle est bien formée, bien cultivée et surtout guidée par l'enseignement de la révélation, peut découvrir et démontrer les commandements de la morale naturelle. Or, il y a vraiment utilité de savoir, par la raison et par la foi tout ensemble, ce qui est accessible à l'une et à l'autre. Ces deux lumières réunies donnent une science plus complète, plus claire, plus satisfaisante. La volonté s'attache plus facilement et plus fortement aux prescriptions dont la raison lui prouve nettement l'évidence et la nécessité. Quand on dit à quelqu'un : « Ce n'est pas seulement ta religion qui t'impose ce devoir, mais c'est aussi ton bon sens, c'est ta simple conscience d'honnête homme, » il se sent plus énergiquement porté à l'accomplir.

20. Nous ne craindrons pas d'indiquer assez fréquemment à nos jeunes disciples les erreurs où la raison humaine ne manque pas de tomber dès qu'elle repousse le secours de la révélation divine, et qu'elle prétend ne s'en rapporter qu'à elle-même pour fixer les principes et déterminer les diverses applications de la morale naturelle. Son orgueil est bientôt puni par un honteux aveuglement : son bon sens se trouble, sa conscience se fausse et ne tarde pas à prendre le bien pour le mal et le mal pour le bien. La vue de

tels égarements nous fera davantage estimer notre bonheur d'être catholiques, et nous inspirera l'inébranlable résolution de nous laisser filialement guider en toutes ces choses par l'infaillible autorité de la sainte Eglise notre mère (1).

21. Nous divisons ce cours élémentaire de morale catholique en trois parties : morale *générale*, morale *individuelle*, morale *sociale*. Nous savons, en effet, que la morale est la science des lois établies par Dieu et par ses représentants pour le bon gouvernement des mœurs humaines ; et que ces mœurs sont de deux espèces, *individuelles* ou *sociales*. Nous devons donc examiner premièrement ce qui concerne, en général, toutes les mœurs et toutes les lois, et c'est l'objet de la *morale générale ;* nous devons ensuite considérer les mœurs des individus, et c'est l'objet de la *morale individuelle ;* nous devons enfin acquérir une connaissance sommaire des lois qui régissent les mœurs des sociétés humaines, et c'est l'objet de la *morale sociale* (2).

RÉSUMÉ DE L'INTRODUCTION

1. *Qu'est-ce que la morale?*

La morale est la science qui connaît et qui applique les lois établies par Dieu et par ses représentants pour le bon gouvernement des mœurs humaines.

(1) Il est clair que nous n'avons ni pu ni dû rapporter toutes les erreurs de la morale qui ne veut être que naturelle. Ses hontes sont trop nombreuses et trop scandaleuses pour être toutes étalées ici.

(2) Nous embrassons ainsi toutes les questions traitées dans les programmes officiels, donnant sur toutes des notions précises et des solutions franchement catholiques.

2. *La morale est-elle nécessaire?*

Oui, la morale est nécessaire, parce que sans elle on ne saurait pas bien gouverner sa vie, ni celle des autres dont on peut être chargé.

3. *Y a-t-il plusieurs morales?*

Non, il n'y a qu'une seule morale dans laquelle cependant il faut distinguer deux degrés qu'on appelle la *morale naturelle* et la *morale surnaturelle*.

4. *Qu'est-ce que la morale naturelle?*

C'est la morale qui règle notre vie de simples créatures raisonnables laissées dans leur état purement naturel.

5. *Est-ce que nous sommes plus que des créatures raisonnables, et avons-nous un état supérieur à celui de notre nature?*

Oui, Dieu nous a destinés à être ses fils adoptifs et les héritiers de son propre bonheur; et, pour cela, il nous appelle à vivre dans un état surnaturel qu'on appelle aussi l'état de grâce et qui sera au ciel l'état de gloire.

6. *Qu'est-ce donc que la morale surnaturelle?*

C'est la morale qui règle notre vie d'enfants adoptifs de Dieu, de chrétiens, de futurs héritiers du bonheur même de Dieu.

7. *Comment connaissons-nous la morale naturelle?*

Nous connaissons de deux manières la morale naturelle : imparfaitement, par notre raison ou par la philosophie naturelle; parfaitement, par la révélation que Dieu a daigné nous en faire et que nous croyons par la foi. ·

8. *Etait-il donc nécessaire que Dieu nous révélât la morale naturelle?*

Non, cela n'était pas absolument nécessaire, mais extrêmement utile, afin que tous les hommes pussent facilement, promptement, sans mélange d'erreur, parvenir à la connaissance de toute la morale naturelle.

9. *Comment connaissons-nous la morale surnaturelle?*

Uniquement par la révélation divine qui nous en fournit

les lois et les principes, dont nous pouvons ensuite tirer les conséquences.

10. *Etait-il nécessaire que Dieu nous révélât la morale surnaturelle?*

Non, s'il ne voulait pas nous élever à l'état surnaturel de ses fils d'adoption ; oui, s'il voulait nous y élever.

11. *La morale surnaturelle et la morale naturelle peuvent-elles être séparées l'une de l'autre?*

Non, parce que Dieu a voulu qu'elles fussent inséparables; et elles forment ensemble une seule morale, qu'on appelle morale révélée, chrétienne, évangélique, catholique.

12. *Mais ne pourrait-on pas se contenter de la seule morale naturelle?*

Non, parce qu'on n'a pas le droit de refuser la vocation divine qui nous impose, sous peine de damnation, de vivre dans l'état surnaturel ou de grâce, et d'en pratiquer la morale qui est pareillement surnaturelle.

13. *Ne pourrait-on pas du moins se contenter de la seule morale surnaturelle ?*

Non, parce que la qualité d'enfants de Dieu ne nous dispense aucunement de nos devoirs naturels comme créatures.

14. *La morale catholique est-elle différente du Catéchisme?*

Non ; elle est tout entière contenue dans le Catéchisme qui tantôt la donne en abrégé et tantôt la développe ; il n'y a de morale vraie et complète que celle qui lui est conforme.

15. *Comment divisons-nous ce cours élémentaire de morale ?*

En trois parties : 1. morale générale; 2. morale individuelle; 3. morale sociale. La morale générale enseigne ce qui est commun aux individus et aux sociétés ; la morale individuelle, ce qui regarde seulement les hommes en particulier; et la morale sociale, ce qui regarde spécialement les sociétés.

PREMIÈRE PARTIE

MORALE GÉNÉRALE

La *morale générale* a trois questions principales à résoudre :

1° Que faut-il entendre par *actions* et *mœurs humaines ?*

2° Que faut-il entendre par *lois morales ?*

3° Comment se fait l'*application* des lois morales aux actions et aux mœurs humaines ?

Ces trois questions seront examinées dans trois chapitres.

CHAPITRE I

Les actions et les mœurs humaines.

SOMMAIRE : 1. Définition des actions et des mœurs ; — **2-5.** actes de l'homme ; — **6.** actes humains ; — **7.** actes humains nécessités ; — **8-9.** actes humains libres ; — **10-11.** notion de la liberté morale ; — **12-14.** certitude de son existence ; — **15-16.** responsabilité et imputabilité ; — **17.** mérite et démérite.

1. Il y a quelque différence entre les **actions** et les **mœurs**. Les **actions** sont des faits isolés, produits et fréquemment répétés par nos facultés (1) ;

(1) Seule, la nature divine agit sans avoir besoin de facultés, c'est-à-dire, de forces ou de puissances ajoutées à la nature et lui servant à produire ses actes. — Les facultés humaines sont de trois ordres ; les unes sont de l'ordre végétatif, comme les facultés de respirer et de se nourrir ; les autres sont de l'ordre animal, comme les facultés de sentir et de se mouvoir ; les dernières sont de l'ordre spirituel et se réduisent aux deux facultés principales de raisonner et de vouloir.

les **mœurs** sont l'ensemble de ces faits et des habitudes bonnes ou mauvaises qui en résultent. La morale s'occupe directement des actions, afin de pouvoir gouverner et sanctifier les mœurs.

2. Toutes les actions, toutes les opérations produites par les facultés humaines sont bien des **actes de l'homme.** Mais on réserve ordinairement ce nom à une multitude d'actions d'ordre inférieur, qui procèdent de nous et se font en nous sans que notre intelligence et notre volonté président à leur production. Ainsi, mon cœur bat, mon sang circule dans mes veines, mon estomac digère et s'assimile la nourriture ; et tout cela sans que je le sache, sans que je le veuille, sans que je prescrive à mon corps de le faire. Dans ces divers cas et dans beaucoup d'autres, j'agis simplement comme le ferait un végétal ; et pourtant ces actions sont des **actes de l'homme,** parce que je suis homme.

3. De même encore j'entends ce qui résonne à mon oreille ; je vois ce qui se présente à mon œil ; je sens ce qui est en contact avec ma main ; et cela sans que ma raison et ma volonté interviennent pour me faire entendre, voir et toucher. Souvent même elles ne le voudraient pas et elles s'y opposent de tout leur pouvoir, sans qu'elles parviennent à empêcher ces sensations qui existent aussi dans l'animal, mais qui sont pourtant en moi des **actes de l'homme,** parce que je suis homme.

4. De même enfin, si quelque souvenir surgit à l'improviste dans ma mémoire ; si quelque impression soudaine se forme dans mon imagination ; si, dans mon sommeil, ma colère est subitement excitée

et me porte à frapper ou à maudire sans que ma raison et ma volonté s'en aperçoivent, j'ai agi d'une façon purement sensitive : je n'ai fait que des **actes de l'homme** (1).

5. Ces actes que je n'ai ni prévus, ni provoqués, ni approuvés, et qui sont simplement des **actes de l'homme**, ne seraient en aucune manière l'objet de la morale, si la raison et la volonté n'intervenaient souvent pour les désirer, les occasionner, les louer ; ou bien, au contraire, pour les blâmer, les redouter et les éviter autant que possible. Sans cette intervention, la morale n'aurait pas plus à s'en occuper que des actions mécaniques des corps bruts, que des actions inconscientes de la plante et de la bête. Mais, grâce à nos facultés spirituelles, ces simples actes de l'homme revêtent une dignité et une valeur supérieures ; connus par la raison, décidés par la volonté, ils entrent dans la sphère des actes humains dont nous allons parler.

6. Au-dessus des actes de l'homme, nous rencontrons les **actes humains** qui procèdent des deux grandes et nobles facultés par lesquelles nous sommes vraiment **hommes** : l'intelligence et la volonté (2).

(1) Les « actes de l'homme » appartiennent donc à la vie végétale et à la vie animale dont notre âme est le principe en même temps que de la vie intellectuelle à laquelle appartiennent les « actes humains » proprement dits. On voit que tout ce que « l'homme » fait n'est pas à proprement parler « humain. »

(2) L'intelligence est la faculté immatérielle de connaître le vrai pareillement immatériel. Elle est donc essentiellement distincte des sens qui sont matériels par leurs organes et qui ne connaissent que les réalités matérielles. — La volonté est la faculté immatérielle d'aimer le bien immatériel et de le vouloir, de haïr le mal immatériel et de le fuir. Elle est donc essentiel-

Parfois ils en procèdent **immédiatement**, et ce sont des actes de connaissance, de jugement, de raisonnement ; ou des actes de désir et d'amour, de répulsion et de haine. Parfois aussi ils n'en procèdent que **médiatement**, et ce sont, par exemple, des actions sensibles et corporelles, telles que manger, travailler, marcher, s'agenouiller, qui sont éclairées par l'intelligence et ordonnées ou consenties par la volonté (1). Ces **actes humains**, dont l'ensemble forme les **mœurs humaines**, sont l'objet propre de la morale.

7. Or, elle en distingue deux espèces qu'il est fort important de bien discerner après elle. Certains actes humains procèdent **nécessairement** de la **raison** et de la **volonté**, et ils sont appelés pour cela **nécessaires** ou **nécessités**. La raison et la volonté ne peuvent pas ne pas les produire ; non point qu'elles y soient contraintes et forcées par quelque cause extérieure, mais parce qu'elles y sont invinciblement portées par leur nature même. Ainsi, quand la vérité se présente avec évidence à ma raison, quand on me dit que le double est plus grand que le simple, — je ne puis pas me retenir d'adhérer fortement à cette proposition ; et mon adhésion est assurément un **acte humain**, mais un acte **nécessaire** et **nécessité**. De même, lorsque

lement distincte des sens qui sont matériels par leurs organes et qui n'aiment et ne haïssent que le bien ou le mal sensibles.

(1) Tous les « actes humains » procèdent donc en quelque manière de l'intelligence et de la volonté ; mais les uns sont produits par l'intelligence et la volonté elles-mêmes, tandis que les autres sont produits par d'autres facultés humaines mises en mouvement par l'intelligence et la volonté.

mon intelligence propose à ma volonté le bien en général, le bien suprême, le bonheur ou la béatitude sans mélanges, l'existence qui est le moyen indispensable d'arriver à la félicité complète, — ma volonté ne peut pas ne pas aimer ce bien, ce bonheur, cette existence, cette vie ; et l'amour qu'elle leur porte immédiatement est certainement un **acte humain,** mais un acte **nécessaire et nécessité.** De même encore, si ma raison propose à ma volonté le mal en général, le mal définitif, le malheur absolu et irrémédiable ou la privation de toute existence, — ma volonté ne peut pas ne pas abhorrer ce mal, cette infortune sans ressource, cet anéantissement absolu ; et l'acte de haine qu'elle leur oppose immédiatement est sans doute un **acte humain,** mais un acte **nécessaire et nécessité.** — Si tous nos actes humains étaient de cette catégorie, le rôle de la morale se bornerait à fort peu de chose. Elle ne pourrait que les énumérer, les décrire, les classifier ; mais elle ne pourrait leur donner de direction ni leur prescrire de lois. Car ce qui est nécessaire et nécessité arrive fatalement, qu'on le veuille ou non, qu'on le trouve bon ou mauvais, utile ou nuisible. Un proverbe dit justement que *la nécessité ne connaît pas de lois.* La morale réduite à ces seuls actes nécessaires ne serait donc plus une science pratique ; elle serait seulement une science théorique et spéculative.

8. Mais il y a une foule d'autres actes humains qui ne sont nullement nécessités et nécessaires, et qui par suite sont parfaitement gouvernables et

entièrement soumis à la direction de la morale. Ce sont les **actes libres.** Comme les premiers, ils procèdent immédiatement ou médiatement de la raison et de la volonté, mais ils en procèdent **librement.** Ils ont pour apanage et pour caractère spécial la **liberté,** c'est-à-dire qu'ils se produisent sans que nos facultés y soient contraintes par une force extérieure, ou nécessairement et fatalement portées par l'impulsion intérieure de leur propre nature. Ainsi, sans y être extérieurement forcé et sans y être intérieurement nécessité, je crois, moyennant la grâce de Dieu, aux dogmes qu'il m'a révélés ; je le choisis pour mon maître et pour mon partage ; je fuis telle compagnie dangereuse ; je pratique telle œuvre de miséricorde et de charité : ce sont là des **actes humains libres.**

9. Et de même que nous avons vu précédemment (1) les **actes humains** communiquer quelque chose de leur dignité et de leur valeur aux simples **actes de l'homme,** ainsi les **actes libres** peuvent communiquer quelque chose de leur liberté aux actes qui sont par eux-mêmes **nécessaires** et **nécessités.** Par exemple, je veux librement appliquer mon intelligence à la considération d'une vérité évidente, ou mettre ma volonté en face du bien sans mélange, du mal sans remède : les actes nécessaires qui en résulteront seront certainement **libres dans leur cause,** dans la libre résolution qui les aura provoqués. Autre exemple : cet homme s'adonne à l'ivrognerie, et il sait, par une triste expérience, que l'ivresse lui

____
(1) Ci-dessus, n° 5.

fait perdre la raison et l'entraîne ensuite à des actes d'une extrême violence ; or, un jour, il s'enivre sciemment, et le voilà incendiaire et assassin : son incendie et son assassinat n'ont pas été libres en eux-mêmes, mais ils l'ont été dans leur cause , dans l'acte libre de boire jusqu'à en perdre la raison.

10° Cette liberté dont nous parlons, et dont Dieu qui en est la source infinie a doté notre âme, l'élevant ainsi infiniment au-dessus de la plante et de l'animal (1), — cette liberté se nomme la **liberté morale.** Elle n'est pas seulement la **liberté physique** qui consiste à n'être ni prisonnier ni paralytique, et par conséquent à pouvoir aller et venir, travailler ou se reposer sans entraves. Elle n'est pas davantage la **liberté politique** ou l'usage de certains droits sociaux dont nous parlerons ailleurs. Elle n'est pas non plus uniquement la **capacité d'agir avec intelligence et volonté :** cette capacité suffit bien pour faire des **actes humains nécessités,** mais non pour faire des **actes humains libres.** La vraie **liberté morale** consiste dans la puissance de choisir entre agir et ne pas agir, entre agir de telle façon et agir de telle autre ; par exemple, entre travailler ou se reposer, entre travailler intellectuellement ou travailler corporellement.

11. Ainsi, trois conditions sont requises pour faire

(1) Dans le monde animal, végétal et minéral, tout est nécessité, tout obéit à des forces aveugles et fatales. La liberté n'existe que dans le monde intellectuel. Elle est infinie en Dieu, très étendue dans les anges, moins grande mais absolument réelle encore dans l'homme intellectuel, dans l'homme moral. On comprend aisément quel immense privilège c'est d'être libre.

un **acte libre** : 1° il faut que la **raison** connaisse ce dont il s'agit : sans raison, il n'y a que des actes aveugles ; 2° il faut que la **volonté** donne ou refuse son consentement : sans volonté, il n'y a que des actes physiques et pour ainsi dire mécaniques ; 3° il faut que la volonté soit **indépendante** de toute force nécessitante, extérieure ou intérieure : sans cette indépendance, la volonté est contrainte ou fatalement entraînée. Un acte libre est donc tout à la fois **éclairé, spontané** et **indépendant**.

12. Rien de plus certain que l'existence de cette liberté morale en nous. Consultons le témoignage de notre âme : elle se déclare vraiment libre, vraiment maîtresse de ses actes dans les conditions indiquées tout à l'heure. A-t-elle mal agi ? elle en éprouve un remords et en désire une expiation qui seraient totalement absurdes si elle-même n'était libre (1). — Voyons aussi ce qui se passe constamment entre les hommes : pourquoi, s'ils ne sont pas libres, se font-ils des promesses, s'engagent-ils par des contrats, se lient-ils par des règlements et des lois, donnent-ils des éloges et des récompenses à ceux qui les observent, et réclament-ils au contraire la justice des tribunaux et la rigueur des juges contre ceux qui manquent à leur parole, à leurs engagements, à leur soumission aux lois ? Tout cela est insensé et inexplicable sans l'existence de la liberté.

13. Et cependant la raison humaine est si faible, surtout dans les philosophes (2), que beaucoup d'entre

______

(1) Se repentir et vouloir expier n'a de signification que dans un être libre ayant librement agi. Est-ce que le poignard qui a tué César a pu en avoir du regret et en faire pénitence ?

(2) Il semble, en effet, à consulter l'histoire moderne comme

cux, traînant à leur suite des multitudes séduites et trompées, ont nié ce fait si évident et si certain de notre liberté morale. Beaucoup ont enseigné et enseignent encore le **fatalisme**, attribuant toutes nos actions, même celles que notre conscience proclame les plus libres, à un **destin** plus ou moins aveugle, plus ou moins clairvoyant, toujours inflexible et implacable, sous la domination duquel nous n'avons plus de **libre arbitre**, plus de **franc arbitre**, mais une simple apparence de liberté, et en réalité une volonté réduite au rôle de **serf arbitre** (1). — Les religions de l'antiquité païenne n'ont pas eu d'autre doctrine pour base de leur prétendue morale. Le mahométisme en a fait son dogme caractéristique. Le protestantisme de Luther et de Calvin en est empoisonné jusqu'à la moelle. Le matérialisme, le panthéisme, l'athéisme contemporains n'en sont pas plus exempts (2); et la philosophie, encore honnête

l'histoire ancienne, que la raison humaine soit d'autant plus faible qu'elle est plus cultivée. C'est que, trop souvent, cette culture de la raison l'enorgueillit et l'éloigne de Dieu qui est la source de toute vérité. Loin de cette source féconde, comment ne pas errer misérablement?

(1) On appelle *fatal*, — du latin *fatum, destin*, — ce qui arrive nécessairement et inexorablement. Le *fatalisme* est la doctrine qui considère toutes nos actions comme dépourvues de liberté et comme fatalement produites par le gouvernement du destin, de la fatalité. — *Libre arbitre* signifie libre choix, libre élection entre deux partis à prendre. *Franc arbitre* a le même sens, et désigne une volonté *affranchie* du destin. *Serf arbitre* signifie au contraire une volonté *asservie* en tout à la fatalité.

(2) La littérature ancienne, le drame antique surtout, fidèles échos des doctrines de la Grèce et de Rome, sont pleins d'un sombre et cruel fatalisme. — Cet axiome de Mahomet, que « tout est écrit » dans le livre du destin, est toujours le premier et le dernier mot de la morale et de la politique de ses sectateurs. —

et soucieuse de sa dignité, est obligée de rougir de
tels excès qui ruinent nécessairement toute vertu,
toute sincérité, tout honneur, toute morale, toute
civilisation. — Car, si nous ne sommes que des machines sans liberté, pourquoi des lois, des punitions,
des récompenses? Pourquoi parler de devoir et de
conscience? En parle-t-on à une locomotive, à un
métier à tisser, à un arbre, à un cheval, à un caillou?

14. Mais, si la raison hésite et se perd souvent
dans cette question fondamentale de la liberté humaine, la foi chrétienne lui vient en aide avec une
entière clarté et une certitude absolue. Une des premières paroles adressées par Dieu à l'homme nou-
vellement créé lui intime un ordre et une défense,
lui révélant ainsi qu'il est libre (1). Caïn, tenté de
jalousie et de colère contre Abel, entend Dieu l'avertir
qu'il est libre de faire le bien ou de faire le mal et le
péché, et que sa volonté est maîtresse de donner ou
de refuser son consentement aux désirs mauvais qui
l'assiègent (2). Mille fois depuis, cette même vérité
est enseignée aux hommes par les prophètes, par

Luther et Calvin font, de l'asservissement complet de notre
liberté, la conséquence irrévocable du péché originel. — Le
matérialisme qui ne croit qu'à la matière, le panthéisme qui
identifie Dieu et l'esprit humain avec elle, l'athéisme qui n'admet
ni Dieu ni aucune substance réellement spirituelle, ne peuvent
évidemment que nier la liberté, puisqu'elle ne se trouve que dans
les esprits et nullement dans la matière.

(1) Genèse, III, 3.

(2) Genèse, IV, 7. — Observons en passant que le pouvoir de
choisir entre le bien et le mal, et par conséquent le pouvoir de
pécher, ne sont pas de l'essence même de la liberté. Dieu, infiniment libre, ne peut aucunement être pécheur; les saints dans
le ciel ne peuvent plus l'être : ce triste pouvoir est seulement le
résultat de notre imperfection dans cette vie d'épreuve.

Notre Seigneur Jésus-Christ, par ses évangélistes et ses apôtres, par l'infaillible et toujours vivant oracle de son Eglise ; de telle sorte que pour être chrétien il faut se savoir libre, et que nul chrétien au monde n'en ignore. — Remarquable supériorité de la morale catholique sur la morale simplement naturelle ! Celle-ci est à peine sûre d'une vérité capitale, essentielle, sans laquelle aucune morale ne peut exister. Celle-là, au contraire, par le seul fait qu'elle est catholique, ne saurait en douter un seul instant ; et elle y croit aussi fermement qu'à l'existence même de Dieu.

15. De la liberté morale naît la **responsabilité.** Nous ne sommes pas responsables de ce que nous faisons sans connaissance ; par exemple, d'un coup porté à qui nous trouble pendant le sommeil. Nous ne sommes pas responsables de ce que nous faisons sans volonté ; par exemple, d'un outrage que l'on nous ferait commettre contre un objet sacré en s'emparant violemment de notre bras pour le diriger de force contre cet objet. Nous ne sommes pas responsables de ce que nous faisons sans liberté ; par exemple, de la crainte que le mal nous inspire ou de l'horreur excitée en nous par la pensée de la mort. Mais nous sommes responsables de ce que nous faisons avec connaissance, volonté et liberté. Nous en **répondons** souvent devant les hommes, et toujours devant Dieu qui nous interrogera un jour sur toutes ces actions, et qui exigera que nous lui **répondions** pourquoi nous les avons faites. — Cette responsabilité s'étend aussi loin que la liberté. Par conséquent, nous ne

sommes pas seulement responsables de nos actes libres en eux-mêmes : nous le sommes pareillement de nos actes libres dans leur cause (1), et le degré de notre responsabilité est toujours proportionné au degré de notre liberté.

16. Les actions dont l'homme est responsable sont souvent appelées **imputables,** parce qu'on peut les lui attribuer justement, soit pour l'en féliciter, soit pour l'en accuser et l'en blâmer. Quant aux autres, comment les lui imputer, puisqu'il n'a pas été libre de les faire ou de les omettre, et qu'elles procèdent de lui sans son libre consentement?

17. Ces mêmes actions dont l'homme est responsable et qui lui sont imputables, sont seules capables de **mérite** ou de **démérite** (2), de louange ou de blâme, de récompense ou de punition. Il est clair, en effet, que je ne mérite absolument rien quand je fais quelque chose sans le savoir, ou sans le vouloir, ou du moins sans le vouloir librement. Je ne suis guère autre chose en ce cas qu'un être poussé par son instinct, auquel on ne fait pas honneur de ses actes s'ils sont utiles et bons, pas plus qu'on ne lui en fait honte s'ils sont inutiles et mauvais. Si donc la morale approuve ou réprouve mes actions, si le juge humain ou le juge divin me punissent, me récompensent, c'est que j'ai agi avec connaissance, volonté et liberté ; c'est que j'ai fait des actes humains libres. Sans doute l'horrible mo-

(1) Voir ci-dessus, n° 9.

(2) Le mérite est le droit à une récompense promise et proportionnée à l'action méritoire. Le démérite est l'obligation de subir un châtiment prononcé contre une action mauvaise et proportionné à la malice de cette action.

rale des protestants et des jansénistes prétend qu'on peut pécher et mériter la damnation éternelle sans être entièrement et personnellement libre (1) ; mais ce n'est là qu'un de ces honteux écarts où tombent souvent, hélas! une raison orgueilleuse de ses avantages et une morale rebelle à l'enseignement divin. Avec l'Église romaine, nous croyons et professons que, pour le mérite comme pour le démérite, pour la récompense comme pour la punition, il faut la connaissance, la volonté et la liberté.

RÉSUMÉ DU PREMIER CHAPITRE

1. *Toutes nos actions sont-elles l'objet de la morale?*

Non, toutes nos actions ne sont pas l'objet de la morale, parce qu'il en est beaucoup qui se produisent sans que nous le sachions et le voulions.

2. *Comment appelle-t-on ces actions indépendantes de notre raison et de notre volonté?*

On les appelle simplement des *actes de l'homme*.

3. *Comment appelle-t-on les actes que nous faisons avec raison et volonté?*

On les appelle des *actes humains*.

*(1) Il ne faut pas confondre avec cette erreur monstrueuse la doctrine catholique sur les enfants morts sans baptême et privés de la béatitude surnaturelle, non parce qu'ils ont péché, non parce qu'ils ont mérité l'enfer, mais parce qu'involontairement ils ne sont pas dans les conditions requises pour jouir de la gloire de Dieu. C'est le péché d'Adam qui les a mis hors de ces conditions nécessaires à leur bonheur surnaturel. Aussi ne sont-ils pas sur le même rang que les adultes damnés par leur propre faute.

4. Les actes de l'homme peuvent-ils en quelque manière devenir des actes humains?

Oui, les *actes de l'homme* deviennent en quelque manière des *actes humains* quand ils sont recherchés, provoqués ou approuvés, par la raison et la volonté.

5. Tous les actes humains sont-ils d'une seule et même espèce?

Non, les actes humains se divisent en deux espèces : les uns sont *nécessaires* ou *nécessités*, et les autres *libres*.

6. Qu'entendez-vous par actes humains nécessaires ou nécessités?

J'entends, par actes humains *nécessaires* ou *nécessités*, ceux que notre raison et notre volonté ne peuvent naturellement s'empêcher de produire quand elles sont placées en face de tel et de tel objet.

7. Qu'entendez-vous par actes humains libres?

J'entends par actes humains *libres* ceux que la raison et la volonté peuvent faire ou ne pas faire, faire de telle façon ou de telle autre.

8. Combien faut-il donc de conditions pour qu'un acte soit libre?

Il faut trois conditions pour qu'un acte soit *libre* : 1° il faut que la *raison* sache de quoi il s'agit; 2° il faut que la *volonté* consente ou ne consente pas; 3° il faut que l'on puisse *choisir* entre agir et ne pas agir, entre agir de telle façon et agir de telle autre.

9. Les actes humains nécessaires peuvent-ils devenir en quelque manière des actes libres?

Oui, les actes humains nécessaires peuvent devenir en quelque manière des actes libres, quand ils sont librement recherchés, provoqués ou approuvés.

10. L'homme est-il certainement doué de liberté morale?

Oui, dans les limites que nous venons d'indiquer, l'homme est certainement doué de liberté morale : sa propre conscience, l'organisation du genre humain tout entier, et surtout la révélation chrétienne ne lui permettent pas d'en douter.

11. *Quelle est la première conséquence de la liberté morale?*

La première conséquence de la liberté morale, c'est que nous sommes *responsables* des actions que nous faisons librement, et que ces actions nous sont *imputables*.

12. *Quelle est la deuxième conséquence qu'il faut tirer de là?*

Il faut tirer de là cette deuxième conséquence que nos actions *libres*, mais celles-là seulement, sont capables de mérite ou de démérite, et dignes de récompense ou de châtiment.

CHAPITRE II

Les lois morales.

SOMMAIRE : 1-2. La liberté humaine doit être restreinte et gouvernée; — 3-4. définition de la loi et du législateur; — 5-6. Dieu, suprême législateur; — 7-8. ses lois physiques, ses lois morales; — 9. ses lois morales nécessaires; — 10. ses lois morales positives; — 11-12. lois morales humaines, ecclésiastiques ou civiles, dérivées de la loi divine; — 13. absurdité du nihilisme qui rejette toute loi morale; — 14-21. absurdité de la morale athée ou indépendante; fausse morale de l'intérêt et du plaisir; — 22-23. la volonté divine, véritable base de la morale; — 24. en dehors de là, nulle morale ne peut être vraiment bonne; — 25. distinction absolue du bien et du mal; — 26. sans Dieu, nulle beauté morale; — 27-28. sans Dieu, nulle véritable utilité, nul vrai bonheur; — 29. Dieu est à la fois le bien et le beau, l'utile et l'agréable au suprême degré; — 30-31. classification du bien, du beau, de l'honnête, de l'utile, de l'agréable; — 32-33. l'obligation et le devoir; — 34-36. le droit.

1. Nous sommes **libres** dans beaucoup de nos actes (1). Mais s'ensuit-il que nous soyons absolument

(1) Nous avons vu, au chapitre précédent, jusqu'où s'étend la liberté, et de quelle manière des actes non libres en eux-mêmes peuvent l'être dans leur cause, ou même, d'une certaine façon, dans l'approbation subséquente de la volonté.

indépendants quant à ces mêmes actes, et que nous puissions disposer comme bon nous semble de notre liberté, sans avoir de compte à en rendre à qui que ce soit? Nullement. La liberté dont Dieu nous a pourvus n'est pas l'indépendance absolue qui ne relève de personne; elle n'est pas le droit de faire ce que bon nous semble; elle n'est pas la licence, c'est-à-dire la ruine de toute société, de toute famille, et même de tout individu.

2. Supposons, en effet, que les hommes puissent user de leur liberté suivant leur fantaisie : ils ne respecteront bientôt ni les personnes, ni les biens, ni les pouvoirs d'autrui; ils ne respecteront pas davantage leur propre dignité, leur honneur, leur parole donnée, leur santé même; ils n'obéiront plus, ils ne travailleront plus, ils ne contraindront plus leurs passions; et le trouble le plus effroyable, les vols, les injures, les violences, les assassinats, les excès les plus dégoûtants, transformeront la terre en un repaire de bêtes féroces et en un enfer de démons. Il faut donc que nous soumettions nos actes libres et notre liberté elle-même à un joug salutaire, à un frein qui les régisse et en règle l'usage.

3. Ce joug, ce frein, c'est la **loi** (1). La **loi,** au sens général du mot, est la direction ou la règle permanente qu'une intelligence supérieure impose à un être inférieur pour le bon gouvernement de ses actions. Cette intelligence supérieure connaît le but auquel tend l'être à diriger; elle sait par quel chemin,

____

(1) Le mot *loi* vient du latin *lex, ligare,* qui signifie *lier.* Voyez plus loin, le n° 32 de ce chapitre.

par quels moyens il peut et doit y arriver ; en conséquence, elle lui prescrit la direction à suivre, la
règle à observer ; et cette prescription durable et
constante, c'est la loi. Sans intelligence, il n'y aurait
pas de loi. Le législateur est toujours une **intelligence.**

4. Mais cette intelligence qui impose une loi
quelconque, doit être supérieure à l'être pour lequel
elle fait cette loi ; elle doit avoir **autorité** sur lui.
Il ne suffirait pas qu'elle sût ce qui lui convient ;
il faut qu'elle puisse le lui commander. La science
n'est donc pas tout en ce monde, et le législateur
n'est pas seulement un **savant** (1). Il faut aussi le
pouvoir et la puissance pour porter une loi valable ;
et le législateur, en même temps qu'il est intelligent,
doit être le chef et le maître de ceux pour lesquels
il légifère.

5. Dieu, ayant tout à la fois la **science** infinie et
la **puissance** infinie, est aussi le premier et suprême
législateur ; et tous les autres sont obligés, dans leurs
lois, de se conformer aux siennes, sous peine d'aller
contre sa science infinie, ce qui est la plus grande
de toutes les folies, ou contre sa puissance également
infinie, ce qui est la plus criminelle de toutes les
révoltes.

6. Dieu a porté des lois pour tous les êtres qu'il
a créés. Il en avait certainement le droit, puisqu'il
est leur auteur et leur maître absolu. De plus, il se
devait à lui-même de leur donner des lois moyennant lesquelles chacun d'entre eux pût atteindre la

(1) C'est pourtant une grande et nécessaire qualité pour un
législateur que d'être savant ; et l'antiquité a pris le plus souvent
des sages pour fondateurs de ses villes et de ses sociétés.

fin qu'il lui avait destinée. Et comme il y a deux grandes classes d'êtres dans le monde créé, les êtres libres et les êtres sans liberté, il y a aussi deux grandes espèces de lois établies par Dieu pour les uns et les autres.

7. Aux êtres dépourvus de liberté, Dieu a imposé les lois qu'on appelle **physiques** ou **naturelles** (1); ce sont celles que les sciences pareillement dites physiques ou naturelles ont pour mission de rechercher, et pour gloire de découvrir, à travers les innombrables phénomènes de l'univers matériel. Nous n'avons rien à en dire ici, sinon qu'elles sont parfaitement d'accord avec les autres lois dont nous allons parler, et qu'elles contribuent à les faire observer, soit en récompensant ceux qui les observent, soit en punissant ceux qui les transgressent (2) : accord extrêmement important et dont il ne faut pas s'étonner, puisque l'auteur de ces deux sortes de lois est le même Dieu, la même Intelligence infinie, la même Puissance souveraine, la même Providence.

8. Aux êtres libres, Dieu a imposé des lois qu'on appelle **morales,** parce qu'elles gouvernent les mœurs et qu'on y obéit, non pas comme aux lois physiques par une obéissance aveugle et fatale, mais par une soumission intelligente, libre, morale.

9. Parmi ces lois morales, les unes sont absolu-

(1) Telles les lois de la gravitation universelle de la chute des corps, de leurs combinaisons, etc. L'homme lui-même, dans sa vie végétale et animale, est soumis à ces lois.

(2) Ainsi les lois de la vie végétale et animale, de l'hygiène et de la santé physiques, punissent les passions humaines par les maladies, les infirmités et la mort. Elles récompensent au contraire la modération et la tempérance par la conservation des forces corporelles et de l'activité organique.

ment **nécessaires.** Dieu ne pourrait s'abstenir de les vouloir ; il ne pourrait davantage en dispenser un seul ange ni un seul homme. Elles résultent, en effet, si naturellement et si logiquement, de l'essence même de Dieu et de l'essence des créatures, que, pour être supprimées ou suspendues un seul instant, il faudrait que Dieu ou les créatures cessassent d'abord d'être ce qu'ils sont. Ainsi, étant donné qu'il y a un Dieu et en face de lui une raison finie, une âme créée, il faut nécessairement que celle-ci le respecte et l'adore, et qu'il veuille en être respecté et adoré ; autrement Dieu ne serait plus Dieu, et la créature ne serait plus créature. Les lois morales ainsi fondées sur la nature de Dieu et des choses finies, forment ce qu'on appelle la **loi naturelle, éternelle, immuable** et **nécessaire.** Elle est écrite en Dieu lui-même et dans sa nature infinie ; ou plutôt elle est Dieu, elle est sa nature. Elle est écrite aussi, nous l'avons dit déjà (1), dans notre nature, dans notre intelligence, dans notre volonté, qui sont des images vivantes, quoique très imparfaites, de la nature, de l'intelligence et de la volonté divines.

10. Outre cette loi éternelle et nécessaire, Dieu a pu et voulu en établir d'autres qui ne résultent pas nécessairement de son essence et de la nôtre. Il a ordonné, par exemple, que les hommes lui demanderaient la grâce surnaturelle, qu'ils la puiseraient dans les sacrements, qu'ils soumettraient leur esprit à l'infaillible direction de la sainte Eglise Romaine : toutes choses qu'il aurait pu ne pas faire ou faire autrement. Ces lois se nomment **lois divines**

(1) *Introduction*, n° 10.

positives ou **écrites,** parce qu'elles procèdent d'un acte positif et libre de la volonté divine, non pas de son éternelle et nécessaire essence, et qu'elles sont écrites par lui dans le livre adorable de la révélation.

11. Enfin, Dieu a laissé aux hommes eux-mêmes le soin de descendre dans les détails secondaires du gouvernement moral auquel ils sont soumis. A son Eglise, fondée par son Fils unique Notre Seigneur Jésus-Christ, et perpétuellement assistée par son Esprit divin, il a conféré la science et la puissance nécessaires pour régler par des lois sacrées notre vie de chrétiens et d'héritiers du royaume des cieux. Aux sociétés purement humaines, il a attribué le pouvoir de faire des lois destinées à diriger notre vie de citoyens et de membres d'une patrie terrestre. Ces lois **ecclésiastiques** ou **civiles** forment ce qu'on appelle les **lois humaines,** lois toujours **écrites,** au moins dans les mœurs et la mémoire des hommes, mais non dans leur essence et leur nature comme la loi éternelle.

12. Grâce à leur origine divine, c'est-à-dire à l'autorité d'où elles émanent et qui vient primitivement de Dieu, les lois humaines ont vraiment le droit de nous obliger ; et nous leur devons une obéissance sincère, non seulement extérieure et contrainte, mais intérieure et consciencieuse. C'est ainsi qu'elles deviennent elles-mêmes pour nous des lois **morales**(1), respectées par notre libre volonté et librement observées dans nos mœurs.

(1) Ce nom de *lois morales,* bien qu'il s'applique très exactement aux lois dont il s'agit ici, est cependant réservé de préférence aux lois divines, soit nécessaires, soit positives.

13. Telle est la théorie catholique des lois. Il faut des lois à l'homme comme il lui faut une morale ; il n'y a pas de morale sans lois ; toutes les lois de la morale s'appuient sur la sagesse et l'autorité de Dieu ; donc, sans Dieu, point de lois et point de morale. Tel est aussi l'enseignement de la raison humaine quand elle est raisonnable, et des sages d'ici-bas quand ils sont réellement sages. Mais il arrive fréquemment, hélas! à la raison de déraisonner, et aux sages d'être insensés. C'est ainsi, chose à peine croyable, que des hommes osent bien prétendre et enseigner que nous ne sommes soumis à aucune loi morale ; et que notre vie est absolument indépendante de toute autorité, de toute supériorité, de tout commandement, de toute obligation. Ils veulent agir uniquement suivant leur intérêt, ou suivant leur plaisir, ou suivant leur fantaisie ; et ils ne s'arrêtent pas même devant la ruine universelle, conséquence fatale et horrible de tels principes. Ils ne veulent **rien** qui les gêne, et pour cela ils veulent tout réduire à **rien**; aussi ont-ils pris en ces dernières années le nom de **nihilistes** (1), et le méritent-ils parfaitement.

14. D'autres voient bien que l'homme est fait pour vivre en société ; qu'il n'y a pas de société possible sans morale ; que la morale est nécessaire à la santé et à l'existence même des individus ; qu'une morale sans lois n'est plus une morale ; et conséquemment qu'il faut bien se soumettre soi-même et

(1) Du mot latin *nihilum* qui signifie *rien* et qui se retrouve dans les mots français d'*annihiler, annihilation.* C'est de la Russie schismatique qu'est récemment sorti ce monstre dangereux du nihilisme. — Relire le n° 2 du présent chapitre.

les autres à des lois qui obligent autrement que par la force. Mais, ne voulant plus de Dieu ni d'aucune autorité dérivée de la sienne, ils cherchent à établir ce qu'ils nomment la **morale indépendante** (1). Véritables aveugles qui ne voient pas la fragilité d'une pareille morale et la nullité absolue de ses lois !

15. Que mettront-ils à la place de Dieu, de sa souveraine sagesse et de sa toute puissante volonté ? **L'intérêt** sera-t-il la loi suprême de leur morale, et devra-t-on se gouverner d'après l'avantage qu'on aura à faire telle action ou à éviter telle autre (2)? En ce cas, non seulement le motif auquel on obéira sera des moins nobles et des moins élevés, — car, qu'y a-t-il de plus vulgaire que l'intérêt? — mais encore il y aura une foule de belles actions qui disparaîtront de ce monde et une multitude de laides actions qui les remplaceront. Qui voudra désormais affronter la mort sur les champs de bataille, au milieu des épidémies, dans les catastrophes et les incendies ou les naufrages ? On n'y aurait pas grand intérêt, en vérité, s'il n'y avait pas de Dieu et d'éternité ; et la gloire distribuée par les journaux sous forme d'un

(1) L'expression est nouvelle, mais la chose est connue depuis l'origine du monde, depuis que Lucifer a voulu être indépendant de Dieu, et que les hommes l'ont imité, renchérissant encore sur lui par leur athéisme où son intelligence, même dévoyée, ne l'a pas laissé tomber.

(2) Cette morale fondée sur l'intérêt s'appelle aussi la morale « utilitaire » ou de « l'utilitarisme, » parce qu'elle prend l'utilité de l'homme pour base et pour point de départ. Elle est une des formes de la morale de « l'égoïsme » qui substitue l'homme à Dieu, et elle a trouvé ses plus habiles défenseurs dans la protestante Angleterre.

article élogieux, ou distribuée par les gouvernements sous forme d'une croix d'honneur, semblerait à bon droit n'avoir qu'une valeur très médiocre en comparaison de l'intérêt qu'on a de conserver sa vie. Et quand un banquier trouvera son intérêt à voler habilement et impunément ses clients; quand un assassin trouvera son intérêt à supprimer sans témoin et sans péril sa victime; s'ils n'ont pas d'autre loi morale que l'intérêt, ne voleront-ils pas et ne tueront-ils pas ?

16. Et qu'on n'invoque pas ici l'**intérêt général** comme devant l'emporter sur l'**intérêt particulier**, le **bien de la patrie** comme supérieur au **bien personnel** : car on pourra bien assurer cette prédominance par des moyens de force dans certains cas extérieurs et publics; mais un athée d'accord avec ses principes, ayant à choisir, dans une circonstance absolument secrète, entre ces deux intérêts opposés, ne trouvera certainement pas, dans sa conscience irréligieuse, de motifs suffisants pour sacrifier son intérêt à celui du public; et s'il le fait, ce sera par une heureuse inconséquence ou par un reste inaperçu de croyance en Dieu et en sa justice (1).

17. Au lieu de l'intérêt, sera-ce le **plaisir** qui dictera les lois de la morale et leur donnera force et autorité sur les hommes (2)? De quel plaisir veut-on

(1) Il arrive souvent, en effet, que les restes de vertu qui se rencontrent dans les sectes immorales et dans les individus irréligieux soient attribués à leurs doctrines et à leur impiété, tandis qu'il faudrait en faire uniquement honneur au bon sens et au sens chrétien dont ils ne se sont pas entièrement dépouillés.

(1) La morale « du plaisir ou de la volupté, » la plus basse et la plus égoïste de toutes, a été surtout codifiée par Épicure dont le

parler ? De celui du corps et des sens, ou de celui de l'esprit et de la conscience ? Quant au **plaisir corporel** et sensuel, on sait bien que, loin d'être une source de moralité, il est au contraire une source d'immoralité ; et qu'il est le plus souvent en contradiction avec les devoirs de la vie humaine, par exemple, avec ceux d'être sincère, bon, charitable, respectueux des droits et des biens d'autrui, courageux, fidèle à servir sa patrie. Le voluptueux n'est-il pas toujours égoïste, trompeur, envieux, lâche, paresseux ? Comment donc serait-il un homme moral ?

18. Peut-être veut-on que les lois de la morale soient inspirées et sanctionnées par le **plaisir de l'esprit,** par la joie et la satisfaction qu'on ressent à faire son devoir, par la paix d'une bonne conscience, par l'estime et la considération des honnêtes gens, par le bonheur délicat qu'on a d'être loué pour sa bienfaisance et ses bonnes actions ? De fait, c'est surtout ce genre de plaisir que les philosophes lassés de Dieu et de sa loi, mais encore désireux de garder quelque décence, prétendent mettre à la base et au sommet de leur morale indépendante : ils croient qu'elle tirera sa force de ce plaisir, et qu'elle aura en lui sa récompense.— Combien tout cela est vain et fragile ! Il faut ne pas connaître l'âme humaine pour penser qu'elle a toujours du plaisir à faire son

poète latin Horace, épicurien lui-même, comparait la secte au troupeau le plus immonde. Et cependant Epicure avait tenté de spiritualiser tant soit peu la doctrine de ses devanciers ! Nos modernes épicuriens, et parmi eux la plupart des révolutionnaires du XVIIIe siècle et du XIXe, en sont revenus au dogme primitif. Leurs romans et leurs théâtres, leurs journaux et surtout leurs exemples, le montrent assez.

devoir; et qu'elle sacrifiera toujours à ce plaisir élevé ses intérêts les plus chers, quand ils ne seront pas d'accord avec lui. Il faut ne pas la connaître pour supposer que, placée entre la joie pure de sa conscience et la joie coupable de ses sens, elle trouvera dans la première assez de charme et d'attraits pour la préférer toujours à la seconde. Il faut ne pas la connaître pour croire que ses bonnes et généreuses actions sont invariablement suivies d'une satisfaction si profonde, d'une paix si douce, qu'elle y trouve toujours une récompense digne de ses efforts et de ses sacrifices. Enfin ils ignorent absolument l'histoire du passé et les faits d'aujourd'hui, ceux qui s'imaginent que l'estime publique, la bonne réputation, la considération des honnêtes gens, ne manqueront jamais de tresser à l'homme vertueux une couronne assez belle, assez brillante, pour que le seul aspect de cette récompense le maintienne toujours dans le droit chemin et le préserve de toutes les chutes.

19. Oui, quelquefois, et à quelques âmes d'élite, le seul plaisir de faire le bien pourra faire accepter les lois les plus difficiles de la morale; mais non pas toujours, mais non pas à l'immense majorité des volontés humaines. Oui, quelquefois, quelques âmes ambitieuses de s'acquérir une gloire et une renommée durables, trouveront dans l'estime et dans la considération publiques une force suffisante pour se soumettre aux prescriptions de la morale; mais non pas toujours, mais non pas le plus grand nombre des hommes, non pas même le plus grand nombre des ambitieux et des avides de réputation.

20. Et enfin, le plaisir intime qu'on ressent à

agir n'est pas le moins du monde un signe certain qu'on a bien agi : il est si facile de se fausser la conscience, et de se croire vertueux quand on est tout simplement égoïste ou coupable ! — L'approbation des hommes n'est pas non plus un signe infaillible de perfection morale : on a vu si souvent le vice exalté et la vertu vilipendée ici-bas !

21. Les meilleurs appuis de la morale indépendante ne sont donc rien que poussière et vanité ; et cette morale n'en est vraiment pas une, incapable qu'elle est de nous donner et de nous imposer des lois solides. Arrière donc cette raison creuse et cette philosophie athée ! Arrière cette prétendue morale qui, en se disant indépendante de Dieu, se rend indépendante du bon sens, et tombe dans un abîme où s'engouffrent avec elle toutes les lois, toutes les vertus, tout ce que l'homme avait de meilleur en lui, tout ce qu'il avait au-dessus de lui de nobles et consolantes espérances (1)!

22. A ces délires criminels, la morale catholique oppose ses lois fondées sur l'autorité divine. Nous les recevons de Dieu lui-même et nous y obéissons à cause de Dieu. Si, par exemple, je me sens obligé à respecter le bien d'autrui, ce n'est point parce que j'y trouve mon intérêt, ce n'est point parce que j'y trouve plaisir ou réputation, ce n'est point parce que j'évite le gendarme et la prison : mais c'est parce que **Dieu le veut**, Dieu, la suprême sagesse et l'autorité souveraine. Et quand même mon intérêt

(1) Naguère, un prêcheur de cette morale, ayant voulu peindre les mœurs de l'humanité réformée d'après ses principes, intitulait son livre : *Mémoires d'un imbécile*. Rien de plus juste et de plus exact. L'imbécillité est le dernier mot de la morale indépendante.

ou mon plaisir me suggéreraient de prendre ce bien d'autrui, je résisterais à leurs suggestions, parce que Dieu veut que j'y résiste. Si, par contre, mon intérêt et mon plaisir se trouvent ici d'accord avec la volonté de Dieu, tant mieux! J'aurai dès lors trois motifs pour un de respecter la propriété de mon prochain; mais, dans ce cas même, la volonté de Dieu sera la vraie base de la loi et le motif principal de mon obéissance; l'intérêt et le plaisir ne seront que des motifs secondaires de ma soumission.

23. Lorsque la morale catholique me propose ses lois, ce sont donc **des volontés de Dieu** qu'elle me propose; et elle me demande de les accomplir, parce que c'est **la volonté de Dieu** que je les accomplisse. **L'objet** de mon obéissance est divin, **le motif** de mon obéissance est divin. Mais **ces volontés de Dieu** que j'accomplis, **cette volonté de Dieu** qui me porte à les accomplir, que sont-elles sinon **le bien, le beau, l'utile, l'agréable** par excellence? Par conséquent, en obéissant à Dieu et à ses volontés, je fais ce qui est souverainement bien, ce qui est souverainement honnête et beau, utile et agréable. Et si je désobéis aux **volontés de Dieu,** ou bien si j'y obéis par un motif inconciliable avec la volonté divine; si, par exemple, je refuse de secourir les pauvres, ou si je les secours par ostentation et vaine gloire, je ne fais pas ce qui est souverainement bon, honnête et beau, utile et agréable; je fais ce qui est mal, ce qui est déshonnête et laid, ce qui est nuisible à mon âme, ce qui sera pour elle, tôt ou tard, un sujet de douleur.

24. Insistons un peu sur cette grande doctrine,

et montrons que la morale sans Dieu ou indépendante de Dieu ne saurait revendiquer le droit d'enseigner le bien, le beau, l'honnête, l'utile, l'agréable (1). Et d'abord, Dieu est **le bien infini**, source de tout bien. Sa volonté, nécessairement conforme à lui, est **infiniment bonne, et source de toute bonté**. Si donc j'agis comme Dieu le veut, je fais le bien et ma volonté est bonne ; mais si j'agis sans Dieu, je renonce au bien ; si j'agis contre sa volonté, la mienne est mauvaise. Donc la morale athée ou indépendante ne possède pas **le bien** et ne le fait pas faire ; elle n'a que **le mal** à sa disposition.

25. Je sais bien que certains représentants plus audacieux et plus logiques de cette morale (2) ne craignent pas de se moquer de notre langage et de supprimer toute distinction réelle entre le bien et le mal. Mais leurs efforts enragés et leurs dénégations insolentes n'y peuvent rien faire. **Dieu existe,**

(1) La saine philosophie distingue trois sortes de *bien* : 1° celui qui est bien en lui-même et par lui-même ; c'est le *bien* proprement dit : c'est aussi le beau moral, l'honorable, l'honnête, parce qu'il y a vraiment honneur à l'accomplir ; 2° celui qui est bien parce qu'il répond à notre intérêt et qu'il le sert : c'est *l'utile* ; 3° celui qui est bien parce qu'il nous flatte et nous procure quelque plaisir : c'est le *délectable* ou l'agréable. Il est certainement inférieur à l'utile, comme celui-ci à l'honnête. Cette distinction est d'une grande importance pour comprendre ce qui va suivre.

(2) Surtout les philosophes panthéistes que l'Allemagne protestante a produits depuis un siècle, et qui malheureusement ont fait école parmi nous. On sait, par exemple, que l'impie blasphémateur du Christ, l'académicien Renan, ne voit guère que des *nuances* dans les oppositions les plus marquées des idées et des mœurs humaines ; vérité et mensonge, vice et vertu, simples nuances ! Il est vrai que si tout est Dieu, comme le panthéisme l'enseigne, il n'y a plus de différences essentielles entre les choses les plus dissemblables en apparence.

et Dieu est **le bien** ; ce que Dieu veut est **bon**, ce qui se fait de conforme à sa volonté est **bon**. Par contre, ce qui est opposé à Dieu est le **mal** ; ce que Dieu ne veut pas est **mauvais** ; quiconque agit à l'inverse de Dieu est **méchant**. Voilà pourquoi, depuis l'origine du monde, les hommes parlent de louange et de blâme, de commandement et de défense, de récompense et de punition. Voilà pourquoi les sages de l'antiquité, et surtout les apôtres et les martyrs de l'Eglise catholique, ont su résister à la tyrannie ou à la séduction jusqu'à l'effusion même de leur sang et jusqu'au sacrifice de leur vie. C'est que le bien est le bien, et que le mal est le mal ; c'est que le bien c'est Dieu ou l'amour de Dieu, et que le mal c'est la négation ou la haine de Dieu. Donc, encore une fois, la morale sans Dieu est la morale du mal, c'est-à-dire le contraire de la morale.

26. Dieu est **la beauté et l'honneur infinis**, et sa volonté, qui lui est nécessairement conforme, dirige toutes choses vers lui et conséquemment les rend **belles et honnêtes**. En obéissant à ses lois, je fais donc de belles et honorables actions. Mais des actions qui ne sont pas pour lui, qui sont même contre lui, ne peuvent être que **laides et déshonnêtes** ; donc la morale athée ou indépendante qui les inspire n'est pas une morale belle et honorable, c'est une doctrine abjecte et déshonorée.

27. Dieu est **l'utilité infinie** : toutes ses créatures trouvent en lui tout ce qu'il leur faut pour exister, pour durer, pour agir. Aussi, la morale qui leur enseigne à se conformer à ses lois, à se soumettre

à sa volonté, pour atteindre à leur fin dernière, sert-elle au suprême degré leurs véritables intérêts; tandis que toute morale qui les éloigne de Dieu les prive par le fait même de ce qui leur est le plus utile en ce monde et en l'autre. La morale athée ou indépendante est donc une doctrine pernicieuse et souverainement nuisible à l'homme.

28. Enfin, Dieu est **le bonheur infini**, non seulement pour lui-même, mais pour nous; non seulement dans l'éternité, mais dès le temps actuel où nul plaisir n'est complet, nulle joie véritable, nulle satisfaction solide, si Dieu n'en est la source. Le bonheur sans Dieu ou contre Dieu est un bonheur très malheureux : c'est un piège qui écrase ceux qui s'y laissent prendre; c'est l'appât qui recouvre un poison mortel; c'est le velours qui cache un poignard assassin. En voulant donc nous rendre heureux sans Dieu, la morale athée ou indépendante nous trompe indignement et nous conduit au plus affreux de tous les malheurs; c'est une doctrine de mort, c'est un enseignement homicide.

29. Au contraire, la volonté humaine qui se soumet à la volonté divine fait le bien, acquiert un nouveau degré d'honneur et de beauté morale, pourvoit à ses intérêts les plus précieux, se prépare les plus purs et les plus vrais de tous les plaisirs. Nous ne disons donc pas aux partisans de la morale sans Dieu qu'ils ont tort de chercher à établir la morale sur le bien et sur la beauté morale, sur l'utilité et le plaisir qui accompagnent ou qui récompensent les bonnes actions; mais nous leur disons que sans Dieu il n'y a

véritablement plus ni bien, ni beau, ni honneur, ni utilité, ni plaisir, dignes de l'homme. Nous leur disons que Dieu est la bonté et la beauté infinies, l'utile et l'agréable au suprême degré. Nous leur disons que nous, catholiques, en faisant le bien et en évitant le mal, nous avons sous les yeux et dans le cœur ces diverses raisons de bien agir.

30. Toutefois, nous ne les plaçons pas au même niveau parce que Dieu lui-même ne nous les propose pas sur un pied d'égalité. D'abord il se révèle à notre volonté comme le **bien suprême,** ou, ce qui est la même chose, comme le **beau** et l'**honnête** infinis. C'est son premier attrait, supérieur aux autres ; c'est aussi notre premier motif de lui obéir. — Il nous est sans doute **utile** au plus haut point, et la fidélité à ses préceptes est le plus sûr moyen d'atteindre le but final de notre destinée. Mais ce n'est là, pour lui comme pour nous, qu'une raison secondaire d'obéir à ses lois ; elle confirme la première, elle augmente notre soumission, elle accroît notre courage : elle ne remplace aucunement le principal motif pour lequel nous nous conformons à Dieu et à ses souveraines volontés. Dieu reste avant tout le **bien,** et c'est avant tout le **bien** que nous cherchons. — Dieu est aussi l'objet le plus **agréable** qui soit et puisse être au monde ; la joie de le posséder est supérieure à toutes les délices et à tous les plaisirs. Mais cette considération ne vient qu'en troisième et dernière ligne dans nos déterminations morales. Elle s'ajoute aux précédentes, elle ne s'y substitue jamais pour nous. Nous ne servons pas uniquement Dieu parce que cela est

doux et consolant, mais premièrement et principalement parce que cela est **bien.**

31. On peut juger par là de la bonne foi et de la science des hommes qui reprochent aux catholiques d'avoir une morale **intéressée,** et d'agir continuellement pour l'utilité et le plaisir ou par crainte du châtiment et de la douleur. C'est justement le contraire qui est vrai. Avant tout, nous plaçons le **bien;** au second rang, nous mettons **l'utile;** au troisième, **l'agréable;** et si parfois nous avons à choisir entre le bien et l'utile, entre le bien et l'agréable, nous savons que le bien doit l'emporter, et nous lui sacrifions généreusement notre intérêt et notre bonheur le plus chers. Il est vrai que quand il s'agit du **bien suprême** qui est Dieu, ce bien est en même temps aussi **l'utile et l'agréable au suprême degré;** il ne peut donc y avoir de conflit entre eux, et nous serions aussi absurdes que coupables de ne pas reconnaître une infinie utilité et une infinie béatitude dans la possession du bien infini. Mais, dans ce cas même, nous savons maintenir la hiérarchie exposée tout à l'heure, et chercher Dieu comme bien, avant de le chercher comme utile et comme délectable.

32. Quand Dieu veut que nous fassions ou que nous ne fassions pas quelque chose; quand un représentant de Dieu, ayant pouvoir sur nous, veut que nous fassions ou évitions ceci ou cela, cette volonté est un **lien** qui attache notre volonté à l'acte dont il s'agit. Il en résulte pour notre volonté même une **obligation** qu'elle ne peut mépriser sans rompre injustement ce lien, cette loi, dont Dieu est le

premier auteur. — L'obligation s'appelle aussi le **devoir** (1), c'est-à-dire la dette qui s'impose à nous lorsqu'une volonté supérieure, celle de Dieu ou de ses représentants, exige légitimement notre obéissance.

33. L'obligation, le devoir, ne tirent leur force ni de notre intérêt ni de notre plaisir, mais uniquement de l'autorité de Dieu; et c'est pour cela qu'on dit de nos jours que le devoir a un **caractère impératif** (2), ce qu'il ne faut pas entendre, à la façon de la morale athée, d'une valeur inhérente au devoir indépendamment de Dieu, mais, bien au contraire, de l'autorité divine elle-même qui se manifeste et s'impose à nous dans l'obligation et le devoir. Les moralistes qui croient en Dieu et qui appuient leur morale sur Dieu, sont seuls en droit de dire que le devoir est **sacré,** que nous devons obéir **religieusement** au devoir, lui sacrifier tous nos intérêts et tous nos plaisirs, et mourir, s'il le faut, victimes héroïques de cette grande et divine chose. Mais, sans Dieu, le devoir n'est qu'un mot, et ce mot ne lutterait pas longtemps contre l'intérêt et le plaisir. Sans la foi en Dieu, il n'y aurait bientôt plus de héros sur la terre; on n'y verrait plus que des habiles et des voluptueux.

34. La volonté de Dieu, principe de tout devoir, est aussi le principe de tout **droit** (3). Le **droit** est

(1) *Obligation* vient du latin *obligare*, lier, enlacer, enchaîner; *devoir* vient du latin *debere* qui signifie être en dette ou obligé.

(2) C'est-à-dire un caractère de commandement qui s'impose de lui-même, indépendamment de tout intérêt et de tout plaisir qu'il peut y avoir à obéir.

(3) Du mot latin *directum*, bien réglé, bien ordonné; car le droit, pour être tel, doit être conforme à la règle et à l'ordre de la volonté divine.

cette puissance inviolable (1) en vertu de laquelle nous agissons et possédons sans blesser notre devoir. Mais d'où nous vient cette puissance, et d'où vient que les autres hommes doivent la respecter en nous? J'ai des droits innés et nécessaires; par exemple ceux de conserver ma vie et de me servir de mes facultés: évidemment, ce n'est pas moi qui ai pu me les donner, puisque je ne me suis pas créé et organisé moi-même. — J'ai des droits acquis (2), soit par mes ancêtres, soit par mon propre travail; par exemple, je possède cette maison, ce vêtement, ce livre. Si ces droits me concernaient tout seul, j'arriverais peut-être à croire que j'en suis l'unique auteur, l'unique principe. Mais ils s'imposent à tous les autres hommes qui ne peuvent les violer, les altérer, les entraver. Or, suis-je donc le supérieur du genre humain tout entier pour lui imposer ainsi le respect de mon droit? Et puisque chaque homme a des droits comme les miens, est-il aussi comme moi le supérieur de tout le genre humain?

35. On dira peut-être que c'est par un contrat mutuel que les droits de chacun sont établis et persévèrent. Mais, ce contrat, qui m'empêche de le défaire si je l'ai fait? qui m'oblige à le garder loyalement et à l'observer en conscience? qui me fait croire que **le droit est au-dessus de la force,**

(1) Inviolable en ce sens qu'on ne peut attenter à cette puissance sans blesser la justice, l'ordre, la volonté de Dieu.

(2) Nous divisons donc les droits humains en deux séries; les uns nous sont *innés*, nés en nous et avec nous, découlant nécessairement de notre nature et de notre existence telles que Dieu les a faites; les autres sont *acquis* par l'exercice des facultés dont Dieu nous a confié et prescrit l'emploi.

et que celle-ci ne prime pas celui-là? pourquoi ne puis-je reprendre ma parole donnée, et retirer ma promesse devenue gênante? — Est-ce la force publique qui sera le soutien et le dernier appui de tous ces droits si chancelants? Mais elle ne peut rien que pour l'extérieur; elle n'atteint pas la conscience qui est le vrai sanctuaire du droit; et quand la conscience ne reconnaît et ne respecte plus le droit, on est assuré que les juges, les gendarmes et les gardiens de prison, ne pourront suffire à le protéger ou à le rétablir.

36. Il faut remonter plus haut, jusqu'à la volonté de Dieu, jusqu'à la loi de Dieu. C'est Dieu, maître absolu et souverain possesseur de toutes choses, qui fait participer ses créatures à son domaine et à son droit. En leur donnant une nature et des facultés, il leur donne des droits innés et nécessaires, en même temps que la possibilité d'en acquérir d'autres qui seront eux-mêmes des droits véritables, quoique secondaires. Il en sera le gardien, l'appui, le vengeur; et, grâce à lui, ils seront inviolables. Mais, en dehors de lui, jamais il n'y aura de vrais droits, non plus que de vrais devoirs.

RÉSUMÉ DU DEUXIÈME CHAPITRE

1. *L'homme, étant libre, est-il absolument indépendant?*
Non, la liberté n'est pas l'indépendance absolue ou la licence de faire tout ce que l'on veut.

2. *Par quoi notre liberté est-elle restreinte pour ne pas dégénérer en licence et en désordre?*
Par la loi.

3. Qu'est-ce que la loi?

La loi est la règle permanente qu'une intelligence supérieure impose à un être inférieur pour le bon gouvernement de ses actions.

4. Quel est le premier législateur?

C'est Dieu, à cause de sa science et de sa puissance infinies.

5. Quelles sont les premières de toutes les lois?

Ce sont les lois de Dieu.

6. Comment se divisent les lois de Dieu?

Elles se divisent en lois physiques pour les êtres sans liberté, et en lois morales pour les êtres libres.

7. Comment se divisent les lois divines morales?

Les lois divines morales se divisent en lois nécessaires qu'on appelle aussi naturelles, éternelles et immuables; et en lois positives ou écrites et libres.

8. Pourquoi certaines lois divines sont-elles appelées nécessaires?

Parce qu'elles résultent de l'essence même de Dieu et des créatures, et que Dieu même ne saurait nous en dispenser un seul instant.

9. Pourquoi d'autres lois divines sont-elles appelées positives?

Parce que Dieu les a établies par un acte tout spécial de sa libre volonté, et qu'il aurait pu tout aussi bien ne pas les établir.

10. Qu'entend-on par lois humaines, ecclésiastiques ou civiles?

Les lois humaines sont celles que les hommes établissent eux-mêmes en vertu du pouvoir que Dieu leur en a donné : elles sont ecclésiastiques, quand elles émanent du pouvoir sacré conféré par Dieu à son Eglise; elles sont civiles quand elles sont portées par les législateurs des sociétés purement temporelles.

11. *Les lois humaines sont-elles donc aussi des lois morales ?*

Oui, les lois humaines sont des lois morales quand elles sont justes, et qu'elles s'adressent à notre conscience pour la direction de notre vie morale.

12. *Peut-il y avoir une morale sans lois ?*

Non, il ne peut pas y avoir de morale sans lois, pas plus que d'humanité sans morale.

13. *Les lois morales et la morale elle-même peuvent-elles être indépendantes de Dieu ?*

Pas le moins du monde : une morale sans Dieu n'est plus une morale, et une loi sans Dieu n'est plus réellement une loi.

14. *Est-ce que l'intérêt ne suffit pas à servir de base à la morale et à ses lois ?*

Non, s'il s'agit d'un intérêt terrestre ; oui, s'il s'agit de l'intérêt éternel de notre salut par la possession de Dieu même.

15. *Le plaisir ne peut-il être cette base suffisante de la morale et de ses lois ?*

Non, s'il s'agit d'un plaisir en dehors de Dieu ; oui, s'il s'agit du plaisir de servir Dieu en ee monde et de le posséder en l'autre.

16. *Quelle est donc la véritable base de la morale ?*

La véritable base de la morale est Dieu qui nous commande d'obéir aux lois, et qui a placé, dans cette obéissance, notre suprême intérêt et le moyen d'arriver à notre suprême bonheur.

17. *Qu'est-ce que l'obligation morale ou le devoir ?*

L'obligation morale ou le devoir est le lien ou la dette que la loi morale impose à notre volonté.

18. *En quel sens le devoir a-t-il un caractère impératif et sacré ?*

En ce sens qu'il résulte de la volonté même de Dieu, et qu'il s'impose à nous en dehors de toute considération d'intérêt ou de plaisir humains.

19. Qu'est-ce que le droit moral?

Le droit moral est la puissance inviolable que nous avons d'agir ou de posséder sans blesser notre devoir.

20. Quelle est la source première du droit moral?

La source première du droit moral est Dieu, sans lequel il n'y aurait ni droits ni devoirs véritables.

CHAPITRE III

Application des lois morales aux actions et mœurs humaines.

SOMMAIRE : 1-4. Actions naturellement bonnes, mauvaises et indifférentes, au moins d'une indifférence théorique ; — **5.** moyens et sanction du bien, sanction du mal d'après la droite raison ; — **6.** erreurs à ce sujet ; — **7.** doctrine de l'Église ; — **8.** actions surnaturellement bonnes ; — **9.** secours accordés à l'homme pour ces actions ; — **10.** sanction du bien surnaturel ; — **11.** la raison pratique ; — **12-14.** la conscience ; — **15.** l'examen de conscience ; — **16.** force obligatoire des prescriptions de la conscience ; — **17.** habitudes morales ; — **18-20.** vertus et vices ; — **21.** classification des vertus naturelles ; — **22.** vertus surnaturelles ; — **23-24.** vertus morales et vertus théologales ; vices opposés ; — **25.** admirable ennoblissement de l'humanité par les vertus surnaturelles.

1. Quand nous agissons **librement,** notre action libre peut être conforme aux lois morales, ou opposée à ces lois, ou en dehors d'elles, sans conformité ni opposition avec elles (1). Dans le premier cas, notre action est **bonne;** dans le deuxième, elle est **mauvaise;** dans le troisième, elle est **indifférente.** Examinons un instant ces trois hypothèses.

(1) Nous prenons ici les lois morales dans le sens le plus large qui embrasse toutes les lois divines et humaines imposées à notre libre volonté. Voir ci-dessus, ch. II, n° 12.

2. Si mon acte est conforme aux lois morales,
il est conforme à la volonté de Dieu ; et comme la
volonté de Dieu est infiniment bonne (1), mon acte
ressemble dans une certaine mesure à cette infinie
bonté ; il lui plaît, il en est approuvé, loué, aimé ;
par conséquent, il est **bon.** De plus, étant libre,
il est **méritoire** de la récompense promise par Dieu
à nos bonnes actions.

3. Si, au contraire, mon acte est opposé aux
lois morales, il est, par le fait même, opposé à la
volonté divine dont ces lois sont l'expression ; il est
donc opposé au souverain bien, et par conséquent, il est absolument **mauvais ;** par conséquent
encore, il est méritoire de la punition dont Dieu
menace nos actions mauvaises.

4. Si enfin mon acte n'est ni conforme ni opposé
aux lois morales, s'il n'est ni prescrit ni défendu
par elles, il ne sera ni bon ni mauvais ; il ne
méritera ni récompense ni châtiment. Il sera donc
indifférent en lui-même. Mais les circonstances dans
lesquelles il se produira lui donneront toujours un
caractère bon ou mauvais ; de sorte qu'en définitive
il n'y a pas d'actions morales qui soient entièrement
indifférentes. Ainsi, en théorie, se promener ou
rester chez soi quand on est libre de son temps et
de ses actes, est quelque chose de fort indifférent ;
mais, en pratique, celui qui se promène ou qui
reste chez soi le fait par une intention conforme
ou non à la volonté de Dieu ; et conséquemment il
fait une bonne ou une mauvaise action, non pas une
action indifférente.

(1) Relire ce que nous avons écrit plus haut, ch. ii, n° 24.

5. Pour que je puisse obéir aux lois morales et faire des actes bons, les **moyens** ne me manquent pas. S'il s'agit d'un acte **naturellement** bon (1), j'ai ma nature, ma raison, ma volonté, souvent des exemples et des conseils utiles, enfin la loi de Dieu et son concours invisible mais réel (2). — Si donc je ne fais pas le **bien** naturel qui m'est commandé, c'est assurément ma faute (3); et cette faute, c'est le **mal**, c'est le **péché véniel** ou **mortel** (4), suivant sa gravité. Et si je ne m'en repens pas, si je ne l'expie et ne le répare pas, le péché **mortel** m'éloignera pour jamais de Dieu qui est la fin dernière de ma vie morale; j'en serai puni par la **mort éternelle** dans l'autre monde, lors même que je ne m'en trouverais pas plus malheureux en celui-ci. — Si, au contraire, j'ai fait le bien que me commande la loi naturelle, et si je persévère jusqu'à la mort dans

(1) Revoir l'*Introduction*, n° 8 et suivants. Voir aussi, ci-après, ch. III, n° 8, de la 1re partie.

(2) Il est démontré par la raison et enseigné par la foi que Dieu coopère à nos opérations, concourt à nos actions, fait avec nous ce que nous faisons, — sans toutefois que son concours s'étende jamais aux défauts de nos actions, aux manques et aux défaillances de notre vertu, aux vices de notre conduite.

(3) Dieu ne commande jamais rien sans nous donner les moyens de l'accomplir. Si quelque loi humaine était au-dessus de nos forces, elle ne serait pas conforme à la volonté divine et ne serait pas une loi juste.

(4) On sait que le péché véniel est ainsi appelé du mot latin *venia, pardon*, parce qu'il est facile à pardonner et qu'il nous retarde plutôt qu'il ne nous fait dévier du droit chemin. Le péché mortel rompt nos bonnes relations avec Dieu, met l'âme hors de la voie qui conduit à Dieu, la véritable vie, et empêche le coupable non repentant de jouir du bonheur éternel qui consiste dans un accroissement naturel ou surnaturel de notre vie intellectuelle, morale, et même physique.

ce bien, Dieu me donnera certainement une récompense éternelle digne de lui et de moi, une récompense qui sera la **vie éternelle** et le bonheur final de mon âme immortelle (1).

6. Telles sont les consolantes ou menaçantes perspectives que la saine raison, la vraie morale naturelle, ouvrent aux regards de l'homme. Mais, si les peuples ont généralement été fidèles jusque dans ces derniers âges à admettre cette haute et sûre doctrine, la philosophie leur a souvent donné le scandale de ses doutes, de ses négations effrontées, de son matérialisme abject. C'est elle qui a réussi depuis un siècle à persuader à tant d'esprits égarés qu'il n'y a pas de péchés, mais seulement des fautes (2) ; que ni le ciel ni l'enfer n'existent ; que Dieu, s'il existe, ne distinguera pas entre les bons et les méchants ; ou bien, s'il commence par distinguer entre eux, qu'il finira par les confondre dans un même anéantissement ou dans un même bonheur. Et, en supprimant ainsi la double sanction du bien et du mal, la récompense et le châtiment éternels, cette philosophie menteuse, cette morale indigne, ont supprimé l'une des plus fécondes inspirations qui puissent nous encourager à faire le bien, et l'une des plus fortes considérations qui puissent nous retenir sur la pente du mal. Sans ciel et sans enfer, le nombre serait bien

(1) Assurément, la vie éternelle qui récompenserait l'observation de la loi simplement naturelle ne serait qu'une vie naturelle. (Voir ci-dessous, n° 10.) Il est bon de remarquer aussi que la loi simplement naturelle nous oblige à obéir aux lois surnaturelles que Dieu peut librement établir pour nous.

(2) Par haine de la morale catholique, la morale indépendante affecte d'ignorer cette expression de *péché* qui est pourtant la plus vraie et la plus significative.

petit des justes, et le nombre serait immense des coupables (1); et ni la morale sans Dieu, ni la loi civile, ni la force, n'empêcheraient les péchés et les crimes de se multiplier.

7. La foi, la raison chrétienne, la morale catholique, sont heureusement là pour nous sauver d'un tel naufrage. Conformément à la parole de Dieu et à la doctrine de l'Eglise, elles nous enseignent qu'**un ciel éternel existe** où toute justice trouvera son salaire, tout effort son couronnement, toute douleur sagement supportée sa consolation, tout travail légitime son repos; qu'**un enfer éternel existe** où tout péché mortel, toute haine de Dieu et des hommes, tout orgueil de l'esprit et de la chair, toute trahison et toute infamie, seront punis par un feu inextinguible et par le ver d'un remords implacable ; qu'**un purgatoire existe** où les péchés véniels, les fautes légères dont on ne s'est pas assez soucié, les peines temporelles que mérite tout péché et qu'on n'a pas eu soin de racheter, seront expiés et payés suivant la plus extrême rigueur. — Et maintenant, pécheurs, instruisez-vous! Quand même, par vos péchés, vous ne violeriez pas les lois civiles et vous n'encourriez

(1) Sans doute, comme nous l'avons dit précédemment, ch. II, nᵒ 33, le devoir est obligatoire par lui-même et indépendamment de la récompense et de la peine que porte la loi. Mais, en fait, où sont les hommes à qui cette haute et un peu trop abstraite considération soit toujours une sauvegarde et une barrière suffisantes contre l'assaut des passions? Aussi, la morale révélée nous prescrit-elle à tous d'espérer le ciel et de craindre l'enfer. — Les récompenses et les peines déterminées par les lois et destinées à aider à leur accomplissement se nomment *sanctions*, du mot latin *sancire*, frapper, donner le dernier coup, consacrer, sanctifier. Dépourvue de sanctions, une loi est imparfaite, incomplète, inachevée, exposée à toutes les profanations.

pas les pénalités du code; quand même le juge humain ne pourrait pas vous poursuivre et sévir contre vous; quand même vous ne seriez pas en opposition avec les préceptes de la prétendue morale, de la morale athée et indépendante, dont vous vous glorifiez d'être les adeptes, la loi divine proteste contre vous; le juge éternel et divin vous a cités à son redoutable tribunal; vous y comparaîtrez fatalement; la sentence de mort est déjà portée contre vous, et l'enfer réclame sa proie. Convertissez-vous donc au Seigneur votre Dieu, tant que vous le pouvez encore; car il ne veut pas la mort du pécheur, mais qu'il se convertisse et qu'il vive (1).

8. L'existence du bien naturel et des moyens que nous avons de le faire, la réalité du péché opposé à la loi divine, la certitude des récompenses et des peines éternelles, ne sont pas les seules vérités que la morale catholique nous enseigne. Dépassant de toute sa sublimité le terre à terre de la simple morale philosophique, elle nous apprend que ce n'est pas seulement le **bien naturel** que nous avons à faire, mais le **bien surnaturel.** Le bien surnaturel, c'est-à-dire, des actions d'une valeur et d'une dignité tout à fait supérieures à celles de nos actes purement naturels; des actions dont nulle créature, même angélique, ne serait capable si Dieu ne lui donnait la puissance de les faire; des actions en rapport avec la fin surnaturelle que Dieu a daigné proposer à notre existence et à notre bonne volonté (2). Ces actions surnaturelles ne nous apparaissent pas toujours telles

(1) Ezéchiel, ch. XXXIII, v. 11.

(2) Voir l'*Introduction*, n° 9.

qu'elles sont en réalité ; beaucoup ressemblent par le dehors à nos actions simplement naturelles. Souvent même ce sont des actions qui pourraient n'être que naturelles, et qui sont surnaturelles par la manière dont elles s'accomplissent (1). La foi nous atteste leur existence, leur excellence et leur incomparable prix ; elle nous atteste que nous ne sommes pas seulement des hommes agissant pour atteindre un but humain, mais bien des enfants de Dieu agissant pour atteindre un but **divin** et le méritant par leurs efforts surnaturels.

9. Combien de secours intérieurs et extérieurs la morale catholique nous offre à cette intention ! Que de grâces actuelles, aperçues ou non (2), dans nos sens pour les purifier, dans notre imagination pour la calmer, dans notre intelligence pour l'éclairer et l'élever à la hauteur de la vérité divine, dans notre volonté pour l'incliner au bien surnaturel et lui conférer la force de l'accomplir, dans toutes nos puissances enfin, pour qu'elles secondent et achèvent surnaturellement l'acte surnaturellement commencé par la volonté ! En même temps, la grâce habituelle réside dans notre âme et la revêt comme d'une nouvelle et divine nature, afin que la racine même

(1) L'espérance chrétienne, c'est-à-dire l'espérance de la vision immédiate de Dieu et de la participation à son propre bonheur, nous fournit un exemple d'acte toujours et exclusivement surnaturel. La miséricorde chrétienne, c'est-à-dire la bonté envers les malheureux à cause de Dieu qui nous inspire cette bonté, nous donne un exemple des actes qui peuvent être naturels ou surnaturels ; car on peut aussi être miséricordieux par un simple mouvement de compassion naturelle.

(2) Nous sommes loin de distinguer et de pouvoir compter toutes les grâces surnaturelles que Dieu nous fait.

de nos actes soit surnaturalisée, et qu'ils tirent de
là leur mérite pour la vie éternelle. Les sacrements
nous sanctifient avec une certitude, une efficacité et
une facilité admirables ; tous les jours, si nous le
voulons, la confession nous purifie de nos taches, et
la sainte communion nous apporte le pain des anges,
la céleste nourriture du corps et du sang de Notre
Seigneur Jésus-Christ. La prière, les exercices de
piété, les pratiques, les bonnes œuvres et les associations recommandées par la sainte Eglise, la prédication de la parole révélée, la lecture des livres
religieux et surtout de la vie des saints, la direction
spirituelle exercée par les pasteurs que Dieu a
établis sur nous, le culte sacré, les divins offices,
l'adorable sacrifice de la messe : quelle merveilleuse
abondance de secours et de moyens divinement mis
à notre disposition pour l'accomplissement du bien
surnaturel que Dieu attend de nous (1)! Quelle supériorité de la morale catholique sur la morale simplement naturelle! Quelle richesse du **chrétien,** tandis
que l'homme, laissé dans l'état de pure nature, eût été
si pauvre en ressources pour le bien même naturel!
Quelle folie enfin de vouloir nous dépouiller des
magnificences de la sainte Eglise, pour nous réduire
aux misérables haillons d'une raison déchue et d'une
morale ruinée !

10. La sanction établie par Dieu pour récompenser
le bien surnaturel, l'emporte elle-même incomparablement sur la sanction qui eût récompensé le bien
uniquement naturel. Ce n'est pas à une connaissance

(1) Nous recommandons de peser tous les termes de l'énumé-
ration contenue dans ce n° 9. Aucun n'est superflu, et tous
peuvent s'expliquer aisément par les principes du catéchisme.

plus ou moins obscure de sa nature divine, ce n'est pas à une jouissance plus ou moins éloignée de son infinie bonté, ce n'est pas à une participation très faible et très imparfaite de sa gloire et de son bonheur, que Dieu convie le chrétien fidèle. La morale révélée a un autre ciel à nous montrer et à nous donner : c'est le ciel même de Dieu qu'elle nous ouvre ; c'est l'essence de Dieu vue et possédée comme Dieu la voit et la possède lui-même, qui est le trésor immense offert à notre espérance ; c'est la splendeur même et la joie de Dieu qui sont données comme terme à notre légitime ambition ; c'est la résurrection glorieuse de notre corps ; c'est la transfiguration radieuse de notre âme ; c'est le bienheureux envahissement de notre esprit par la lumière éternelle, de notre cœur par le torrent de la très pure et très enivrante volupté divine ; c'est Dieu en nous et nous en lui, dans son héritage et dans son royaume, avec son fils Jésus-Christ Notre Seigneur, avec ses anges et ses saints, pour jamais ! Telle est la vraie **vie éternelle** qui nous est promise par la morale chrétienne, et qui surpasse infiniment la **vie éternelle** de la morale simplement naturelle (1).

11. Ce n'est pas assez qu'il y ait des lois morales, et qu'elles soient entourées de moyens qui les rendent praticables, de sanctions qui en assurent l'exécution. Il faut que nous connaissions aussi la manière dont elles doivent s'appliquer à notre vie pour la gouverner. Nous avons besoin pour cela

(1) Recourir aux leçons du catéchisme pour bien comprendre cette différence essentielle entre la fin naturelle et la fin surnaturelle de l'homme. Comparer aussi ce que nous disons dans l'*Introduction*, n°s 8 à 16, et dans le présent chapitre, n° 8.

d'une **faculté** clairvoyante et prudente, perspicace et sage. Cette faculté est **l'intelligence, la raison;** ou plutôt **l'intelligence pratique, la raison pratique** (1). Car l'objet dont s'occupe ici notre intelligence n'est pas purement théorique, comme lorsqu'il s'agit de géographie ou d'histoire; c'est un objet absolument **pratique,** puisqu'il s'agit de notre conduite à diriger, de nos actions à régler, de choses à faire ou à ne pas faire.

12. Quand cette raison pratique descend davantage encore dans le détail et la réalité de notre vie; quand elle ne se contente pas de connaître **les lois** de la morale et **la façon** dont elles doivent être appliquées, mais qu'elle les applique **effectivement** à tel ou tel cas, à telle ou telle circonstance, à tel ou tel acte; quand enfin elle prononce que cette action particulière doit être faite parce qu'elle est bonne et commandée, ou évitée parce qu'elle est mauvaise et défendue, on l'appelle d'un nom spécial : **la conscience.**

13. La conscience est donc la faculté que nous avons de comparer nos actions avec la loi, de les juger à la lumière de la loi, et de les déclarer bonnes et obligatoires, ou mauvaises et défendues. Faculté très précieuse dont les jugements sont la règle **intérieure** et **immédiate** de nos actions, comme les lois en sont la règle **extérieure** et **éloignée.** Faculté qu'il importe souverainement de bien former, afin

(1) **La raison ou intelligence théorique et la raison ou intelligence pratique ne sont pas deux facultés différentes, mais deux différentes fonctions d'une seule et même faculté. On verra au numéro suivant que cette faculté n'est réellement pas distincte non plus de la conscience.**

qu'elle soit éclairée et droite, délicate sans scrupule, ferme sans étroitesse, large sans relâchement, inflexible sans dureté ni rigueur, telle enfin qu'elle nous apparaît dans Notre Seigneur Jésus-Christ, le divin auteur et modèle de toute perfection, et telle que la veut la sainte Eglise catholique dont les enseignements sont d'une si grande utilité et d'un si indispensable secours à la formation des consciences. Sans Jésus-Christ et sans son Eglise, il est à peu près impossible, en effet, de les façonner et de les diriger comme il convient ; et l'on est souvent effrayé des erreurs, des faiblesses, des compromis, où se laissent fatalement entraîner celles que n'éclaire pas la pure morale de l'Evangile (1).

14. Si elle est vraiment chrétienne, vraiment catholique, la conscience reflète si exactement la volonté divine et ses infaillibles préceptes, qu'on peut justement la considérer comme l'**œil de Dieu** examinant et discernant au fond de notre âme ce que nous faisons de bien et de mal ; comme la **voix de Dieu** nous approuvant, nous encourageant, nous remplissant de consolation et de joie,

(1) Observons en passant que les catholiques, quand ils pèchent, vont nécessairement contre leur conscience et leurs principes ; tandis qu'en dehors du catholicisme il n'y a pas de péchés qu'on ne puisse excuser par quelques principes et finalement commettre en conscience. L'expérience du temps présent suffit à le prouver. Logique, un catholique serait donc nécessairement un saint. Logiques, les âmes non catholiques seraient fatalement entraînées à de tristes écarts. Malheureusement les catholiques ne sont pas toujours assez logiques ; et heureusement les non catholiques échappent à la logique et aux conséquences de leurs doctrines. Mais il n'en reste pas moins que la morale catholique est ici encore incomparablement supérieure à toute autre.

ou bien nous blâmant, nous menaçant, nous inspirant de justes craintes et de salutaires remords. En ce sens, il est vrai de dire que la paix ou le trouble de la conscience, si elle est droite, sont un témoignage et une sanction de son innocence ou de sa culpabilité (1).

15. On voit qu'il était bien inspiré, ce philosophe de l'antiquité (2) qui recommandait à ses disciples **l'examen de conscience.** On voit surtout quel immense service le catholicisme a rendu au monde moral, en popularisant la pratique quotidienne de cet exercice. Rien de plus utile, en vérité, que de se recueillir devant Dieu; d'écouter la parole intérieure de la conscience; de lui demander ce qu'elle trouve à reprendre ou à louer dans les actions que l'on vient d'accomplir; d'entendre son jugement sur celles qu'il s'agit de faire ou d'éviter.

16. Quand elle prononce nettement et formellement qu'il faut faire ceci ou ne pas faire cela, elle a le droit d'être obéie, pourvu qu'elle ne soit ni dans une erreur évidente ni dans une erreur au moins entrevue et soupçonnée. — Quand elle est dans le doute et la perplexité, elle doit chercher à en sortir avant que de suivre un parti plutôt qu'un autre ; car, sans cela, elle s'exposerait sciemment et volontairement à pécher, en prenant le parti défendu par la loi. — Quand elle ne peut arriver, ni par elle-même ni par le conseil d'autrui, à connaître avec certitude son devoir, elle peut se contenter d'une probabilité

(1) Voir plus haut, ch. ii, n°s 18 à 20.

(2) Pythagore, dont les disciples devaient joindre une vie de mortification et de silence à l'étude et au travail.

sérieuse, et agir selon qu'il lui semble prudent et bon d'agir. — Quand enfin elle se trouve dans un embarras inextricable, obligée d'agir et n'ayant de choix possible qu'entre deux partis qui lui semblent l'un et l'autre mauvais, elle adoptera celui où elle verra le moins de mal, assurée d'obéir en cela à la volonté du suprême législateur de la morale, et par conséquent de faire le bien et non le mal.

17. La nature humaine a des dispositions innées à tel ou tel genre d'actions ; et il est nécessaire d'en tenir compte pour la bien diriger (1). Mais surtout il faut savoir qu'en agissant elle contracte des **habitudes** qui sont comme de nouvelles facultés, parfois même comme une seconde nature, nous inclinant à répéter les mêmes actes et nous permettant de les reproduire avec facilité, promptitude et plaisir. Le corps a ses habitudes acquises ; l'âme a pareillement les siennes qui résultent naturellement de la fréquente répétition des mêmes actes, quand il s'agit d'une bonne habitude à acquérir, ou même d'un ou deux actes seulement quand il s'agit des mauvaises habitudes, tant certaines actions mauvaises exercent d'influence sur notre nature violemment portée vers les plaisirs sensibles (2).

18. Si ces habitudes acquises ont le bien pour objet, on les nomme **vertus**; car ce sont des forces et des énergies (3) précieuses pour le sage gouvernement

(1) C'est ce qu'on nomme la connaissance des tempéraments, des aptitudes, des vocations, des défauts dominants.

(2) Ceci est d'une grande importance, et suffit bien à expliquer les changements désastreux et parfois subits qui ruinent moralement l'adolescence et la jeunesse.

(3) *Virtus* signifie en latin la force et l'énergie. Au contraire,

de la vie et pour l'acquisition du bonheur suprême. Quel avantage, en effet, d'être intérieurement et pour ainsi dire naturellement poussé vers le bien, d'avoir beaucoup moins à lutter contre le mal, et de ne courir que peu de risques d'être vaincu dans cette terrible lutte ! Aussi quel ne doit pas être notre soin de nous former à ces bonnes habitudes, à ces vertus morales, par la répétition fréquente des mêmes actes justes et bons, surtout pendant notre enfance et notre jeunesse ! L'éducation bien comprise n'a pas d'autre but que celui-là.

19. Que si, au contraire, les habitudes acquises ont le mal pour objet; si elles nous portent intérieurement, et avec un redoublement d'énergie, de promptitude et de jouissance, à transgresser les préceptes de la loi divine, on les appelle des **vices**; car ce sont réellement de grands défauts et de lamentables misères morales. Comme si ce n'était pas assez de son imperfection native et de ses dispositions innées si favorables au désordre, l'homme vicieux accroît tous les jours, par le développement de son habitude mauvaise, ses funestes tendances et ses déplorables entraînements. Comment pourra-t-il y résister et rentrer dans la voie du bien ? Ne lui faudra-t-il pas un courage surhumain pour se vaincre soi-même et rompre les liens de son vice ? Et cependant, sans ce courage, sans cette victoire, sans cette rupture, il est perdu pour jamais. La destruction de nos vices doit donc être la constante préoccupation de notre vie. C'est particulièrement

vitium signifie un manque ou un défaut. Telle est l'étymologie des mots français de *vertu* et de *vice*.

l'œuvre capitale de la première éducation; et l'enfant qui refuse de l'entreprendre généreusement se condamne à vivre sans honneur, à souffrir sans consolation, à mourir sans espérance.

20. Le vice est opposé à la vertu comme le mal au bien. Mais il y a plus de vices encore que de vertus, parce que la vertu consiste dans un juste et raisonnable milieu que l'on peut perdre ou bien par entière privation, ou bien par diminution, ou bien par exagération. Ainsi, la charité envers le prochain est une vertu contre laquelle on peut pécher par défaut absolu, en n'ayant aucune bonté pour autrui; ou par diminution, en se montrant trop rigoureux; ou par excès, en se montrant trop facile et trop condescendant.

21. La classification la plus rationnelle des vertus morales naturelles et par conséquent des vices qui leur sont contraires, met au premier rang les quatre vertus **cardinales** (1), ainsi nommées parce qu'elles servent de bases et de pivots à toutes les autres. Ce sont la **prudence**, la **justice**, la **force** et la **tempérance**. — La **prudence** délibère, juge et commande, en tout ce que nous avons à faire pour atteindre le but où nous tendons. Les vices qui lui sont opposés sont surtout la précipitation, l'inconsidération, l'inconstance, l'astuce, la prudence de la chair (2). — La **justice** incline la volonté à rendre à chacun ce qui lui est légitimement dû. Autour d'elle comme de leur reine, se groupent les vertus secon-

(1) Du latin *cardo*, gond.

(2) L'Écriture sainte appelle « prudence de la chair » cette fausse et basse prudence qui ne s'inspire point de la sagesse de Dieu, mais seulement des intérêts et des passions de l'homme.

daires de religion envers Dieu, de piété filiale envers les parents, de respect et d'obéissance envers les supérieurs, de reconnaissance envers les bienfaiteurs, de sincérité et de droiture envers tout le monde. Les vices opposés à ce cortège de vertus sont principalement l'irréligion, la superstition, l'esprit de révolte contre l'autorité de la famille ou de la société, l'ingratitude, la fausseté et la déloyauté dans les relations. — **La force** donne à l'âme l'énergie nécessaire pour surmonter les grandes difficultés et les grands obstacles qu'elle rencontre souvent dans le chemin du devoir. A cette vertu se rattachent la patience, la persévérance, la magnanimité, la magnificence. Les vices opposés sont, entre autres, la témérité, la lâcheté, la présomption, la pusillanimité. — **La tempérance** règle l'usage des biens et des plaisirs sensibles dont nous sommes si fort enclins à abuser. Cette vertu se présente particulièrement à nous sous la triple forme de l'abstinence, de la sobriété et de la chasteté ; et elle est comme la mère de la modestie, de l'humilité, de la douceur et de l'urbanité. Les vices les plus opposés à la tempérance sont la gourmandise, l'ivrognerie, la luxure, l'immodestie, la bouffonnerie, la cruauté ; ils sont les plus honteux de tous et l'on ose à peine les énumérer.

22. La philosophie humaine, quand elle a suivi les lumières de la droite raison, a su définir, distinguer et louer, ces nombreuses vertus morales et les vices contraires. Mais quand il a fallu vaincre ceux-ci pour pratiquer celles-là, elle s'est reconnue bien faible et elle a dû confesser elle-même ses tristes défaillances, en s'excusant sur le manque de moyens et de secours

suffisants pour une tâche si vaste et si haute tout à la fois. La morale divinement révélée a non seulement secouru la nature humaine aux abois, en lui apprenant à implorer et à obtenir la grâce de Dieu, pour surmonter les vices et pour exercer les vertus que nous venons de décrire ; mais elle lui a offert des vertus nouvelles plus fortes et plus sublimes, parce que c'est Dieu même qui les met en nous sans que nous ayons à les acquérir par la répétition de nos actes, et parce qu'elles produisent des actions en rapport avec notre dignité d'enfants de Dieu et d'héritiers du ciel. Ce sont les vertus **surnaturelles** ou **infuses** (1) qui accompagnent toujours la grâce sanctifiante, et qui, conséquemment, se trouvent déjà dans l'âme du petit enfant baptisé.

23. Ces vertus surnaturelles sont de deux sortes : les vertus **morales** et les vertus **théologales.** Les vertus **morales** surnaturelles se divisent et se définissent comme les vertus morales naturelles dont nous avons parlé ; elles en sont la perfection et pour ainsi dire la floraison divine, grâce à la sève surnaturelle qui les vivifie. On a vu quels vices leur sont opposés.

24. Les vertus **théologales,** ainsi nommées de ce qu'elles ont Dieu même pour objet, sont la **foi** qui le croit, **l'espérance** qui le désire et l'attend, la **charité** qui l'aime et qui aime le prochain à cause de lui. — A la **foi** sont opposées l'infidélité, l'apostasie et l'hérésie ; à **l'espérance,** le désespoir, la défiance, la présomption ; à la **charité,** la haine de Dieu ou du prochain, l'envie, la jalousie, la discorde,

____

(1) Infuses, c'est-à-dire répandues ou mises en nous sans acquisition de notre part.

l'indignation, le scandale, et enfin toute espèce de vices, puisque l'amour de Dieu ne peut souffrir l'amour d'aucune sorte de mal.

25. Quelle admirable union ces vertus surnaturelles établissent entre les hommes et Dieu! Quelles fleurs de beauté et de pureté morales elles font germer sur la terre! Quels fruits d'héroïsme et de sainteté elles produisent pour le ciel! L'histoire de l'humanité en est témoin : sans les vertus qu'inspire la foi divine et en dépit des efforts de la raison et de la vertu naturelles, le monde n'est le plus souvent qu'un désert affreux où règne le vice et où rugit le crime. Mais les vertus qu'anime la grâce le transforment en un jardin fertile dont les eaux vives et les frais ombrages rappellent les délices du Paradis.

RÉSUMÉ DU TROISIÈME CHAPITRE

1. Quand une action libre est-elle bonne?
Quand elle est conforme aux lois de la morale.

2. Quand est-elle mauvaise?
Quand elle est opposée aux lois de la morale.

3. Quand est-elle indifférente ?
Quand elle n'est ni conforme ni opposée aux lois de la morale, en théorie du moins, car, en pratique, il n'y a pas d'actions complètement indifférentes.

4. Combien y a-t-il d'espèces d'actions bonnes ?
Il y a deux espèces d'actions bonnes : les unes ne sont que naturellement bonnes, d'une bonté renfermée dans les limites étroites de notre nature ; les autres sont surnaturellement bonnes, d'une bonté qui surpasse absolument nos forces naturelles.

5. *Quels moyens avons-nous de faire le bien simplement naturel ?*

Nous avons, pour faire le bien simplement naturel, notre nature, nos facultés, les bons conseils et les bons exemples d'autrui, la loi et le concours de Dieu.

6. *Quels moyens avons-nous de faire le bien surnaturel ?*

Nous avons, pour faire le bien surnaturel, la grâce divine, actuelle et habituelle, les sacrements, la prière, l'Eglise catholique avec sa doctrine révélée et son infaillible direction.

7. *Quelle serait la récompense d'une vie naturellement bonne, si Dieu nous avait permis de nous contenter d'une bonté simplement naturelle ?*

La récompense de cette vie serait l'éternelle mais très imparfaite jouissance de Dieu naturellement connu et naturellement aimé.

8. *Quelle est la récompense promise à la vie surnaturellement bonne que Dieu exige de nous ?*

La récompense que Dieu promet à la vie surnaturellement bonne de ses enfants, c'est la claire vue et la jouissance parfaite de Dieu surnaturellement possédé pour l'éternité.

9. *Quel est le châtiment porté par Dieu contre ceux dont la vie aura été mauvaise ?*

Si leur vie n'a été que véniellement ou légèrement mauvaise, ou si elle a été gravement mauvaise mais en partie déjà expiée par la pénitence, ils en achèveront l'expiation dans le purgatoire; si elle a été gravement et mortellement mauvaise sans repentir, ils seront condamnés à l'enfer éternel.

10. *Par quelle faculté de notre âme connaissons-nous les lois morales et les appliquons-nous à nos actions de chaque jour ?*

Nous connaissons les lois morales par notre raison pratique et nous les appliquons par notre conscience.

11. *Qu'est-ce que la conscience au point de vue chrétien ?*

Au point de vue chrétien, la conscience bien formée et bien dirigée est l'œil de Dieu, la voix de Dieu, dans notre cœur.

12. Quel emploi devons-nous faire de notre conscience ?

Nous devons surtout la bien former, l'examiner fréquemment, et suivre fidèlement ses inspirations.

13. Qu'appelle-t-on habitudes morales ?

Les habitudes morales, soit acquises par nos actes eux-mêmes, soit établies en nous par l'intervention surnaturelle de Dieu, sont comme de nouvelles facultés qui complètent nos facultés naturelles et leur rendent possibles ou plus faciles les actes qu'elles sont appelées à faire.

14. Combien d'espèces y a-t-il d'habitudes morales ?

Il y en a deux ; car les habitudes morales sont bonnes ou mauvaises : dans le premier cas ce sont des vertus, dans le second ce sont des vices.

15. Comment se divisent les vertus morales ?

Les vertus morales se divisent en vertus naturelles et en vertus surnaturelles, selon qu'elles tendent à produire un bien purement naturel ou un bien supérieur à notre nature.

16. Quelles sont les plus remarquables de toutes les vertus ?

Les plus remarquables de toutes les vertus sont les trois vertus théologales de foi, d'espérance et de charité, et les quatre vertus cardinales de prudence, de justice, de force et de tempérance.

17. Comment se divisent les vices ?

Les vices, étant opposés aux vertus, se divisent comme elles ; mais ils sont plus nombreux qu'elles, parce qu'ils leur sont opposés de trois manières principales, par entière privation, par diminution ou par exagération.

DEUXIÈME PARTIE

MORALE INDIVIDUELLE

La morale **individuelle** indique à chacun de nous quels sont ses devoirs personnels, et par conséquent aussi quels sont ses droits; car, nous avons toujours le droit d'accomplir notre devoir; et, en revanche, le prochain a toujours le devoir de respecter notre droit, de telle sorte que les droits et les devoirs se correspondent et se démontrent mutuellement, et qu'il suffit de connaître les uns pour connaître facilement les autres. En considérant donc principalement nos **devoirs** individuels ou personnels, nous déterminerons assez nos **droits** pour savoir ce que nous **pouvons** comme ce que nous **devons** faire (1).

Nos actions humaines ont un triple but : avant tout elles se rapportent à **Dieu** et à sa gloire; ensuite elles se rapportent à **nous-mêmes** et à notre utilité; enfin elles se rapportent aux **autres hommes** qui sont nos semblables et dont l'utilité vaut la nôtre. Mais nos actions ne se rapportent pas

(1) Ce sont plutôt nos devoirs que nos droits qui nous font agir. La morale, ayant à s'occuper de nos actions, doit donc aussi s'occuper de nos devoirs plutôt que de nos droits. Et puis, ne savons-nous pas beaucoup mieux nos droits que nos devoirs? Il est donc beaucoup plus nécessaire de parler de ceux-ci que de ceux-là.

aux êtres inférieurs à nous ; ce sont eux au contraire qui sont faits pour nous et qui agissent pour nous.

Il suit de là que nous avons des devoirs à remplir envers **Dieu**, envers **nous-mêmes**, envers les **autres hommes**, mais non envers le monde matériel. Cette seconde partie de nos *Principes de morale catholique* se divise donc naturellement en trois chapitres : devoirs envers **Dieu**, devoirs envers **nous-mêmes**, devoirs envers le **prochain**.

CHAPITRE I

Devoirs envers Dieu.

SOMMAIRE : 1. Principe général de nos devoirs envers Dieu ; — **2-7.** nos devoirs envers lui d'après la simple raison et dans l'ordre naturel, parce qu'il est notre créateur, notre conservateur et premier moteur, notre but suprême et notre fin dernière, le roi et la providence de ce monde, la source première et infinie de tous les êtres, le juge incorruptible de la vie humaine ; — **8.** tristes défaillances de la morale naturelle sur tous ces points ; — **9.** secours qu'elle tire de la révélation ; — **10-14.** nos devoirs envers Dieu dans l'ordre surnaturel, parce qu'il est le sanctificateur et le père de nos âmes, le docteur de nos intelligences, le sauveur et rédempteur de notre race, le consommateur de notre gloire par la communication de la sienne ; — **15.** nécessité de compléter ces notions générales par les détails du catéchisme.

1. Nos devoirs envers Dieu sont évidemment les plus grands de tous, puisque Dieu est infiniment supérieur à tout. Ils peuvent se résumer dans cette formule : **L'homme doit agir envers Dieu suivant ce que Dieu est pour lui, et suivant ce**

qu'il est lui-même pour Dieu (1). Or, qu'est-ce que Dieu est pour nous, et que sommes-nous pour lui?

2. Dieu est notre **créateur** et nous sommes ses **créatures**, c'est-à-dire : Si nous avons été possibles, si nous avons pu être produits, c'est à lui, à lui seul, que nous le devons. Si nous existons, si nous avons une âme et des facultés spirituelles, un corps et des facultés organiques, c'est à lui, à lui seul, que nous le devons. Si nous possédons quelque bien ici-bas, si nous avons au moins la force d'en acquérir, si nous rencontrons des protecteurs et des bienfaiteurs, c'est à lui, à lui seul, que nous le devons. Il a fait de rien tout ce que nous sommes, tout ce que nous avons, tout ce que nous pouvons être, tout ce que nous pouvons avoir. De là, obligation pour nous de reconnaître, en théorie et en pratique, **notre absolue dépendance** à son égard, et de lui témoigner **une gratitude sans limites.**

3. Dieu est notre **conservateur** et **premier moteur,** c'est-à-dire : Si notre existence se prolonge, si notre corps subsiste, si notre âme est immortelle, si nous agissons spirituellement et corporellement, si nous pensons et voulons, si nous parlons et marchons, c'est parce qu'il nous soutient au-dessus du néant où nous retomberions sans lui au premier instant; c'est parce qu'il donne à nos facultés la force et l'énergie nécessaires pour agir; c'est parce qu'il est toujours présent au plus intime de notre être, nous assistant de sa puissance infinie, et

(1) Principe général : les actions comme les devoirs prescrits par la morale doivent être proportionnées aux êtres en cause, et aux relations mutuelles de ces êtres.

coopérant d'une manière mystérieuse, mais toute réelle, à tout ce que nous produisons de réel et de bon. De là, obligation pour nous de **nous souvenir fréquemment de lui**, de **révérer sa présence** au fond de notre **être** (1), et de n'**user de son concours** que dans des intentions et pour des objets dignes de lui (2).

4. Dieu est **le but suprême et la fin dernière** de toutes les créatures, c'est-à-dire : Il les a faites uniquement pour sa gloire et n'a pu les faire pour autre chose. Il a voulu que toutes, sciemment ou non, volontairement et librement ou non, tendissent vers lui comme les rayons du cercle vers leur centre. Il a voulu que toutes, à divers degrés et de différentes manières, trouvassent en lui leur béatitude et leur définitif repos. De là, obligation pour nous de **diriger** toute notre vie et toutes nos actions vers lui, de **n'user des créatures** que pour lui et en vue de lui, d'**éviter** en toute circonstance ce qui nous éloignerait de lui et surtout ce qui nous mettrait en opposition avec lui (3).

(1) Rien n'est donc plus raisonnable et plus avantageux que « l'exercice de la présence de Dieu, » tel qu'il est recommandé par les directeurs de conscience et pratiqué par les âmes désireuses d'arriver à la perfection dans l'Eglise catholique.

(2) Dieu a mis, par une loi universelle, son divin concours à notre disposition ; et il ne nous le retire pas, non plus que l'existence qu'il nous a donnée, quand nous usons mal de l'un et de l'autre. Mais n'est-ce pas chose monstrueuse de s'en servir contre Dieu même ?

(3) Comment ne pas rappeler ici la fameuse « méditation fondamentale » par laquelle saint Ignace de Loyola ouvre ses « Exercices spirituels, » cet incomparable manuel de morale pratique, et les « règles » si sages qu'il donne pour bien user des créatures ?

5. Dieu est **notre roi, notre gouverneur, notre providence,** c'est-à-dire : Il nous conduit lui-même vers notre fin et notre béatitude suprême qui sont en lui ; il nous commande et il régit nos actions dans ce but ; il nous fournit, avec une sollicitude inépuisable, les moyens d'y arriver en évitant le mal et en faisant le bien. De là, obligation pour nous **d'obéir à ses lois et à sa direction, d'implorer ses lumières et son secours, de nous confier en sa sagesse et en sa bonté.**

6. Dieu est **la source** première et infinie de tous les êtres au nombre desquels nous sommes et dont nous tirons avantage et utilité, c'est-à-dire : Il est la vérité même, et nulle science n'existe que par lui. Il est la beauté même, et sans lui il n'y a que laideur et ténèbres. Il est la bonté même, et tout bien dérive uniquement de lui. Il est le droit, la puissance, la grandeur, l'autorité, la majesté même ; et sans lui il n'y a qu'injustice, impuissance, faiblesse, anarchie et néant. De là, obligation pour nous de **l'honorer par-dessus tout le reste,** de **l'adorer seul,** parce que seul il est adorable, de lui consacrer l'hommage d'un **culte complet** en lui soumettant tout ensemble le corps et l'âme (1), de **respecter son nom et ses œuvres** (2), d'employer

(1) Dieu étant la source première et infinie du monde extérieur et corporel comme du monde intérieur et spirituel, n'a-t-il pas un droit évident à des hommages pareillement extérieurs et corporels ? Cette seule raison convainc d'injustice et d'absurdité les prétendus philosophes modernes pour lesquels le culte doit être uniquement intérieur. Encore s'ils le pratiquaient réellement ainsi !

(2) Les œuvres de Dieu, spirituelles ou corporelles, ne peuvent être ni blasphémées, ni maudites, ni viciées, ni détournées de leur vrai but, sans que Dieu en soit offensé.

souvent quelque **partie de notre temps et de notre existence** à nous occuper de lui et de son service, de le reconnaître et de le saluer avec amour **dans tous ses ouvrages, de le placer au point de départ et au point d'arrivée** de toutes nos sciences dont il est la lumière, de tous nos arts dont il est l'inspirateur et le modèle suprême, de toutes nos entreprises qui ne peuvent être légitimes et heureuses que faites pour sa gloire et avec son assistance.

7. Dieu est le **juge** incorruptible et suprême de la vie humaine, c'est-à-dire : A mesure que notre existence s'écoule et que nos actions se produisent, chacun de nos instants et chacune de nos œuvres sont comparés à la loi divine, appréciés par la raison divine, approuvés ou condamnés par la justice divine. Leur souvenir et la sentence dont ils sont l'objet ne s'effacent jamais de la mémoire infinie de Dieu. Ils y étaient prévus de toute éternité, et ils y demeurent écrits pour l'éternité tout entière. Nous pouvons bien ignorer à présent ce que contient à notre sujet ce livre redoutable de la vie et de la mort; quoique notre conscience, si elle est droite et sincère, puisse le conjecturer avec de grandes probabilités (1). Mais, au jour où nous sortirons de ce monde provisoire de l'épreuve et de l'essai, pour entrer dans le monde définitif de la récompense et du

---

(1) Personne ne sait sans doute, d'une manière absolument certaine, s'il est oui ou non dans l'amitié de Dieu et en possession de sa grâce; car ce sont là des faits invisibles et surnaturels. Mais chacun peut et doit le savoir avec assez de probabilité pour diriger sa vie en conséquence, pour se repentir et changer de voie, ou pour persévérer et avancer dans celle où il est engagé.

châtiment éternels, le livre divin nous sera au large ouvert, et Dieu nous y fera lire en un moment, à son éclatante lumière, le compte exact, en bien et en mal, de notre vie terrestre ; et le moment d'après sera celui de notre immuable bonheur ou de notre épouvantable et irrémédiable malheur. De là, obligation pour nous de **penser à la justice inflexible de Dieu** et à la **mort** qui nous jettera au pied de son tribunal ; obligation de **craindre** son infaillible et rigoureux **jugement, d'espérer et d'implorer sa miséricorde,** mais aussi de **trembler** sous les **menaces** de sa loi sainte, et sous les tonnerres de son éternelle et nécessaire vengeance (1).

8. Voilà ce que la morale naturelle nous apprend de nos devoirs envers Dieu ; voilà à quelle haute perfection la simple raison humaine veut que nous travaillions sans cesse à nous élever. Mais que dis-je ? Non, la morale et la raison simplement naturelles ne nous invitent et ne nous portent pas jusqu'à cette sublimité. A la rigueur, elles auraient pu le faire ; en réalité, elles ne l'ont pas fait. Les plus célèbres d'entre les philosophes qui ont vécu en dehors de la révélation et de la morale divines, ont eu grande

(1) Tel est l'objet auquel l'Eglise catholique nous recommande de souvent réfléchir, en nous proposant nos « fins dernières, » et en nous disant : « Pensez-y bien. » Quant aux doctrines anciennes ou récentes d'après lesquelles la justice de Dieu doit finir par s'amollir et par se fondre tout entière dans sa miséricorde, ce sont de pures rêveries, en contradiction formelle avec l'enseignement de Jésus-Christ et de son Eglise sur l'éternité des peines, mais en grande faveur auprès de tous ceux qui auraient intérêt à ce que l'enfer ne durât pas toujours et que son feu redoutable s'éteignît tôt ou tard.

peine à connaître le vrai Dieu et à le distinguer des idoles et des fausses divinités de la fable. Ceux qui l'ont connu n'ont pas su lui attribuer ses réelles perfections ; ou bien, ils l'ont isolé du monde qu'ils ont livré au hasard et au destin (1). Comment, dès lors, eussent-ils pu nous tracer exactement nos devoirs envers lui, et nous frayer le vrai chemin qui mène de la terre au ciel ? Et quant à ces impies de nos jours qui ne veulent souffrir ni la pensée de Dieu, ni la moindre obligation de l'homme à son égard, que font-ils, sinon ruiner la morale tout entière, et lui substituer un code qui ne lui ressemble pas davantage qu'un cadavre à un homme vivant (2)?

9. Il faut donc que nous ayons appris d'ailleurs nos devoirs envers Dieu. Il faut qu'une voix plus haute, une raison plus certaine que la voix et la raison des sages de l'antiquité ou de la philosophie moderne, nous en aient dicté les lois et prescrit l'application. Et, de fait, cette raison plus haute a brillé parmi nous ; cette voix plus forte a retenti dans le monde : c'est la raison de Dieu, c'est la parole de Dieu nous révélant lui-même ce que notre intelligence, si nous en usions toujours bien, devrait

(1) Le « sage » Socrate, tout admirable qu'il soit ailleurs, est bien misérable quand il veut, déjà mourant, sacrifier un coq à Esculape. Le « divin » Platon a bien de la peine à assurer quelque peu la majesté de Dieu entre la matière éternelle et les idées semblablement éternelles dont il veut qu'il soit non seulement accompagné, mais encore dépendant. Et le « philosophe » par excellence, Aristote, ne réduit-il pas Dieu à un rôle bien ridicule quand il lui refuse la science et le gouvernement pratiques du monde? Et cependant ces trois hommes sont les plus grands de tous ceux qui n'ont pas cru à la révélation divine et suivi sa morale. Que faudrait-il dire des autres?

(2) Relire ce que nous avons dit, Ire partie, ch. II, n°s 14 à 21.

naturellement savoir de nos rapports avec lui, de nos devoirs envers lui. C'est la morale révélée qui a comblé les lacunes, dissipé les ténèbres et les doutes, corrigé les erreurs et les égarements de la morale naturelle. C'est à elle qu'il faudra, jusqu'à la fin du monde, et quels que soient les progrès de la raison humaine, demander une théorie sûre et complète de nos obligations à l'égard de Dieu.

10. Mais, en même temps qu'elle nous éclaire pleinement sur ce point capital de morale naturelle, la morale catholique y ajoute d'autres lumières bien supérieures et qui lui appartiennent exclusivement. Elle nous dit que Dieu a voulu, dans son extrême bonté, être le **sanctificateur** et le **père** de nos âmes, leur **docteur** par la révélation, leur **sauveur** par la rédemption, enfin, le **consommateur** de leur gloire par la communication de la sienne.

11. Dieu, **sanctificateur et père de nos âmes,** c'est-à-dire : Dieu ajoutant à l'être qui nous fait hommes un être nouveau, mille fois plus sublime : l'être surnaturel ou la **grâce,** qui nous fait les enfants adoptifs du Père céleste, les frères et cohéritiers du Verbe divin, les temples vivants du Saint Esprit(1). De là, pour nous, l'obligation de vouer à Dieu une **reconnaissance** et une **admiration plus profondes,** un **amour filial** qui nous incline doucement à lui obéir, non pas servilement et comme des serviteurs craintifs ou des mercenaires sans cœur, mais affectueusement et cordialement, avec joie et générosité, comme des enfants bien-aimés

---

(1) Voir plus haut, Iʳᵉ partie, ch. III, nᵒˢ 8 à 10.

dans la maison paternelle. Tel fut toujours le devoir des hommes élevés à l'état de grâce ; tel est principalement le devoir des chrétiens qui vivent sous la loi nouvelle, **loi de charité,** et qui portent le joug de Notre Seigneur Jésus-Christ, **joug suave et fardeau léger** (1).

12. Dieu, **docteur de nos âmes par la révélation,** c'est-à-dire : Dieu communiquant quelques rayons de sa science infinie et infaillible à notre intelligence faillible et bornée ; lui donnant ainsi des certitudes et des lumières qui seront sa force, sa richesse et sa gloire ; lui faisant déjà toucher et presque posséder, par les vertus théologales, les divines et bienheureuses réalités de l'éternelle patrie. De là, pour nous, l'obligation **d'écouter** avec humilité, confiance et amour, **la divine parole** qui a retenti dans le monde dès l'origine, qui a été consignée dans le trésor des saintes Ecritures et de la tradition, et qui est perpétuellement annoncée, expliquée et développée par la sainte Eglise catholique, sous la direction de son divin fondateur, et avec l'indéfectible assistance de l'Esprit de vérité. De là encore, obligation de **soumettre tout notre savoir humain, toutes nos actions, toutes nos entreprises et nos désirs,** à l'autorité sacrée de la foi, et de **mourir** même, s'il le faut, pour **le maintien et l'affirmation** de nos croyances et de nos espérances immortelles (2).

(1) Evangile de S. Matthieu, ch. xi, v. 29.

(2) Comment, en effet, un homme sage pourrait-il hésiter à sacrifier le temps pour gagner l'éternité, le corps pour sauver l'âme, la vie présente qui n'est que d'un jour pour acquérir la

13. Dieu, **sauveur du genre humain par la
rédemption**, c'est-à-dire : Dieu envoyant son Fils
sur la terre pour s'y incarner et s'y faire homme
comme nous; Dieu nous donnant les paroles et les
exemples de cet Homme-Dieu pour lumière et pour
encouragement, ses souffrances pour consolation,
son sang adorable pour rançon, ses mérites pour
appui, son corps pour nourriture sacramentelle, son
sang pour breuvage surnaturel, son cœur sacré
pour refuge et pour asile inviolable, sa virgi-
nale Mère pour mère adoptive, son Eglise pour
arche de salut, ses sacrements comme sources de
vie et d'immortalité, ses prêtres pour guides et
pères spirituels, sa grâce multiple comme impulsion et comme secours, sa loi sainte pour direction
assurée, et enfin ses conseils évangéliques, si nous
avons la vocation et la générosité de les suivre,
pour moyens certains de très haute perfection morale (1). De là, pour nous, l'obligation **d'appartenir**
inviolablement à Celui qui nous a si miséricordieu-
sement et si magnifiquement sauvés; de **prendre
pour chef et pour modèle Jésus-Christ,** le
divin médiateur et rédempteur; de **révérer filia-**

vie future qui n'aura point de fin, les biens créés et finis pour
conserver à tout jamais le bien infini et incréé?

(1) Les principaux conseils ajoutés par l'Evangile aux lois de
la morale chrétienne sont ceux de pauvreté volontaire, de chasteté parfaite, d'obéissance à une règle et à un supérieur. Ils sont
opposés aux trois grandes passions qui empêchent les hommes
d'arriver à une haute perfection et souvent même de demeurer
en la grâce de Dieu. Ils sont la base et l'essence même de « l'état
religieux, » où l'on s'engage par trois vœux à les accomplir fidèlement et à tendre de cette manière à une perfection plus haute
que celle des simples chrétiens.

lement sa sainte et immaculée **Mère**; de nous **confier** pleinement à son **Eglise**; d'obéir exactement aux **lois** qu'elle nous impose ; de faire de ses divins **sacrements** l'usage qu'elle veut que nous en fassions; de vivre toujours en **catholiques fidèles,** pratiquants, soumis à l'autorité des pasteurs; d'estimer et de respecter les **conseils évangéliques** et ceux qui les suivent; et de les suivre nous-mêmes si nous entendons la voix de Dieu nous y convier, et si les guides de notre âme reconnaissent la réalité de cette voix et la suffisance de nos aptitudes et de nos forces (1).

14. Dieu, **consommateur de notre gloire par la communication de la sienne,** c'est-à-dire : Dieu se donnant lui-même comme récompense à ses élus; se manifestant clairement à leur intelligence pour l'inonder de science et de vérité ; se livrant à leur cœur pour le remplir de sainteté, de joie et de bonheur; reflétant même sa gloire jusque dans leur corps ressuscité, transfiguré, désormais impassible, incorruptible, immortel, doué de qualités angéliques et spirituelles qui font de lui le digne et heureux associé de l'âme humaine dans son ineffable béatitude (2). De là, pour nous, l'obligation d'élever souvent nos regards vers **ce beau ciel** qui nous est préparé, de le **désirer** sincèrement, de

(1) **De quel droit voudrait-on** prétendre n'accepter de Dieu que ses lois et repousser ses conseils? Ce ne sont, il est vrai, que des conseils, et des conseils n'obligent point par eux-mêmes. Mais la prudence, la religion, l'amour de Dieu, ne nous disent-ils pas hautement que si Dieu nous donne quelque conseil il nous faut nous empresser de le suivre?

(2) **Sur notre béatitude surnaturelle,** voyez ce que nous avons déjà dit dans la 1re partie, ch. III, n° 10.

lui **sacrifier** les désirs mauvais et criminels d'ici-bas, et de nous **préparer à sa gloire** par les saintes luttes de la vertu et de la mortification chrétiennes.

15. Nous n'insisterons pas davantage sur nos devoirs naturels et surnaturels envers Dieu : ici, plus qu'ailleurs, le catéchisme est le code le plus clair, le plus précis, le plus complet des lois morales ; et c'est à lui qu'il faut s'adresser pour connaître en détail toutes les conséquences des principes généraux que nous avons posés dans ce chapitre.

RÉSUMÉ DU PREMIER CHAPITRE

1. *Comment devons-nous agir envers Dieu?*

Nous devons agir envers Dieu suivant ce qu'il est pour nous et ce que nous sommes pour lui, dans l'ordre de la nature et dans celui de la grâce.

2. *Dieu, dans l'ordre de la nature nous a créés; que suit-il de là?*

Puisqu'il nous a créés, nous devons agir envers lui avec une dépendance et une gratitude absolues.

3. *Dieu conserve et meut notre vie; que s'ensuit-il?*

Puisqu'il conserve et meut notre vie, nous devons nous souvenir fréquemment de lui, révérer sa présence en nous, et n'user de son concours que pour le bien.

4. *Dieu est le but suprême et la fin dernière de tous les êtres et particulièrement du nôtre; qu'en faut-il conclure?*

Puisqu'il est le but suprême et la fin dernière de tous les êtres et particulièrement du nôtre, il faut diriger toute notre vie vers lui et n'user des autres êtres que pour lui.

5. *Dieu est notre roi, notre gouverneur, notre providence; que résulte-t-il de là?*

Puisqu'il est notre roi, notre gouverneur, notre providence, nous devons obéir à ses lois et à sa direction, et nous confier pleinement en sa sagesse et en sa bonté.

6. *Dieu est la source première et infinie de tout ce qui est; quel devoir cela nous impose-t-il?*

Puisqu'il est la source première et infinie de tout ce qui est, il faut l'honorer par-dessus tout, l'adorer seul, le respecter profondément, lui consacrer notre temps et nos efforts, le mettre enfin avant tout et au-dessus de tout.

7. *Dieu est le souverain juge de la vie humaine; qu'en devons-nous conclure?*

Puisqu'il est le souverain juge de la vie humaine, nous devons craindre sa justice, redouter son jugement, implorer sa miséricorde et n'oublier jamais ses récompenses ni ses châtiments éternels.

8. *Dieu, dans l'ordre de la grâce, est le sanctificateur et le père de nos âmes; que déduisez-vous de là?*

Puisqu'il est le sanctificateur et le père de nos âmes dans l'ordre de la grâce, nous devons avoir pour lui des sentiments et des actions de fils aimants et reconnaissants.

9. *Dieu est le docteur de nos âmes par la révélation; que s'ensuit-il?*

Puisqu'il est le docteur de nos âmes par la révélation, nous devons écouter et suivre fidèlement sa divine parole, lui soumettant par la foi toute notre intelligence et tout notre savoir humain.

10. *Dieu est notre sauveur par la rédemption; quel devoir ce fait nous impose-t-il?*

Puisqu'il est notre sauveur par la rédemption, nous devons lui appartenir de la façon qu'il nous a prescrite en établissant la sainte Eglise catholique, par laquelle il nous applique les fruits de la rédemption et nous conduit au salut éternel.

11. *Dieu nous destine à partager sa propre gloire et son propre bonheur; qu'en conclure?*

Puisque Dieu nous destine à partager sa propre gloire et son propre bonheur, il faut estimer plus que tout le reste cette sublime destinée, et nous y préparer par les saints exercices de la vie chrétienne.

CHAPITRE II

Devoirs envers nous-mêmes.

SOMMAIRE : 1. Formule générale de nos devoirs envers nous-mêmes; — **2-4.** ce que nous sommes pour nous-mêmes d'après la raison humaine; — **5.** d'après la morale révélée; — **6.** deux parts dans le trésor de notre être dont nous sommes les dépositaires envers Dieu; — **7-10.** obligations que la simple raison nous impose envers notre âme; — **11-17.** obligations que la foi nous dicte et nous impose envers cette même âme; — **18-24.** devoirs naturels et surnaturels envers notre corps; le suicide; — **25 26.** les biens extérieurs et leur usage; — **27-28.** notion catholique du travail; — **29.** l'économie et l'épargne; — **30.** comment on se ruine.

1. Nos devoirs envers nous-mêmes peuvent être ainsi formulés d'une manière générale : **Nous devons agir à notre égard personnel suivant ce que nous sommes pour nous-mêmes.** Que sommes-nous donc pour nous-mêmes?

2. Une philosophie égoïste et athée répond : **Tout.** D'après elle, je suis mon unique maître, mon unique bien, ma seule fin dernière. Si j'ai une âme raisonnable, je tâcherai de lui procurer tout ce qui peut l'orner, l'embellir et lui plaire; elle sera son propre Dieu; elle se nourrira de son orgueil comme d'une ambroisie délicieuse; elle trouvera dans son corps un

agréable supplément de vanité, de complaisance et de jouissance. Si je n'ai pas d'âme raisonnable, si je ne suis qu'un corps vivant et sentant, ce corps sera tout mon souci, toute ma loi, toute ma morale ; son seul intérêt sera la mesure et la règle des plaisirs que je lui procurerai, ne m'arrêtant que devant le déplaisir qu'il éprouverait à trop jouir ou à gêner la jouissance des autres (1). Honteuse morale que celle-là ! elle ne mérite qu'un regard de pitié et d'indignation ; passons à une autre !

3. Une philosophie plus haute et plus pure me dit : Non, **tu n'es pas tout pour toi-même**; tu ne t'appartiens pas entièrement ; tu n'es pas ton maître absolu ni ta fin souveraine ; tu n'as donc pas le droit de disposer de toi-même suivant ton caprice ou ton bon plaisir. Tu as certainement une âme immortelle qu'il faut orner de vertus ; tu as un corps qu'il faut soumettre au joug de la raison et réduire en une servitude qui l'ennoblira. Agis donc envers toi-même comme envers une créature intelligente qui devra rendre compte un jour à Dieu de toutes ses actions et de toutes ses omissions, du bien qu'elle aura fait, de celui qu'elle aura dû faire et qu'elle n'aura point fait, du mal qu'elle n'aura point dû faire et qu'elle aura commis.

4. Ce langage est bien celui de la raison et de la sagesse ; mais le monde ne l'a guère entendu que de la bouche de Dieu et de ses envoyés ; et quand il lui est arrivé de l'entendre de quelques rares philosophes plus clairvoyants que les autres, leur

(1) Telle est la doctrine aujourd'hui dominante. Notre siècle n'en tirera pas grand honneur devant la postérité.

voix était si faible, leur parole si peu autorisée, leur
enseignement si vague ou si incertain, que l'effet
en était presque nul.

5. Au contraire, la morale révélée nous a dit ces
choses avec une netteté, une clarté, une abondance
de preuves et une puissance de persuasion telles
que le genre humain en a été tout ébranlé ; et que,
s'arrachant à son égoïsme et à ses plaisirs , il a commencé de se traiter lui-même comme un dépôt sacré
reçu de Dieu pour être un jour rendu à Dieu (1); comme
un précieux talent qu'il faut faire actuellement fructifier pour la gloire de Celui qui nous l'a confié;
comme un trésor que nous n'avons le droit ni de
dissiper ni de laisser improductif, mais que nous
avons le devoir général de conserver soigneusement
et d'accroître dans une mesure fixée par Celui de qui
il émane.

6. Ce dépôt, ce talent, ce trésor, à nous confié par
Dieu, se compose de deux parts qui sont les deux
éléments constitutifs de notre être : l'âme immortelle
et le corps mortel. Examinons donc avec quelque
détail nos devoirs envers chacun d'eux. Le catéchisme
catholique, ce vrai livre d'or, complétera ce que
nous dirons seulement d'une façon rapide et abrégée.

7. L'homme a une **âme** raisonnable, immaté-

(1) Cette réforme du monde moral est l'œuvre du christianisme ; elle s'est surtout manifestée dans les siècles du moyen
âge où, malgré de tristes défauts encore, les mœurs individuelles
et sociales ont suivi un mouvement ascensionnel d'épuration et
de perfectionnement qu'on ne saurait trop admirer. Depuis, avec
le protestantisme et la révolution, ce mouvement s'est plutôt
changé en décadence. Mais l'Esprit Saint plane toujours sur
l'humanité , et il sait tirer du mal lui-même un bien toujours
croissant dont tout l'honneur revient à Dieu et à son Eglise.

.rielle, incorruptible et indestructible ; une âme spirituelle, comme les anges sont spirituels, comme Dieu est spirituel ; une âme qui comprend et qui veut librement, comme Dieu et les anges comprennent et veulent librement ; une âme qui, à elle seule, et bien que très inférieure aux anges, infiniment inférieurs eux-mêmes à Dieu, vaut cependant des millions de mondes sensibles et matériels comme celui-ci (1).

8. Or, cette âme, avec ses seules lumières **naturelles**, dit à l'homme : « Je veux être respectée, traitée avec dignité, préférée aux sens corporels, aux plaisirs grossiers, aux biens terrestres et éphémères. Je veux être ornée de science et de vertu ; je veux du temps et du travail pour être cultivée. Donne-moi le pain de la vérité dont je suis affamée, le vin de la sagesse dont je suis altérée. Je dois être heureuse ou malheureuse pendant l'éternité ; c'est heureuse que je veux être, et il faut agir en conséquence. Je suis libre ; mais ma liberté même me charge d'une lourde responsabilité. »

9. Et si cette requête de la simple raison est entendue, l'homme se respectera lui-même ; il cherchera en tout à suivre les prescriptions d'une sage intelligence et d'une droite conscience ; il estimera les biens de l'âme par dessus les biens du corps ; il préférera aux richesses les avantages d'une bonne éducation et d'une solide instruction, d'une conduite irréprochable et d'une vie laborieuse. Il

(1) Rien de paradoxal dans cette assertion ; elle est rigoureusement exacte, et l'on fera bien de s'en souvenir. Mais combien n'est-elle pas plus vraie encore, s'il s'agit d'une âme rachetée et sanctifiée par le sang de Jésus-Christ !

s'appliquera à être loyal, franc et sincère, homme d'honneur et de parole, ennemi de toute duplicité, de toute dissimulation, de tout mensonge, de toute tromperie, et plus encore de tout faux serment et de tout parjure. Il se rappellera sans cesse que la même droiture, la même pureté de cœur, doivent présider à ses actions les plus intimes et les plus secrètes ; parce que le regard de Dieu pénètre bien au delà du regard de l'homme, sondant les reins et les cœurs, et scrutant sans difficulté les derniers replis d'un être qu'il a créé jusqu'à la dernière de ses fibres et jusqu'à la plus profonde de ses moelles.

10. Cet homme saura joindre à une noble et juste fierté une modestie sans fard et une humilité sans bassesse. Il sera courageux sans orgueil, ferme sans dureté, patient et doux sans lâcheté. Les incertitudes et les changements incessants de cette vie n'altéreront pas l'égalité de son humeur : modéré dans la prospérité, il demeurera fort dans l'adversité et calme dans la souffrance. Il foulera aux pieds le respect humain, et n'aura nul souci du *qu'en dira-t-on* lorsqu'il lui faudra remplir son devoir. Sans négligence comme sans empressement indiscret, sans faiblesse comme sans témérité et sans forfanterie, il se montrera citoyen intègre et résolu, soldat énergique et intrépide (1). La colère et la vengeance n'entreront point dans son cœur. Il sera doux parce qu'il sera réellement fort ; et il tiendra à user de cette douceur toujours et partout, même envers les êtres sans raison qu'il traitera patiemment et avec bonté, non par une ridicule sensibilité envers eux, non pas

____

(1) Voyez le dernier chapitre de la IIIe partie de ce livre.

même par crainte des lois civiles ou des louables associations qui les protègent (1), mais par esprit de modération et de sagesse dans l'usage de toutes les créatures.

11. Mais c'est trop peu pour nous, **chrétiens.** Nous sommes bien autre chose encore que cette âme humaine déjà si digne d'admiration, et notre foi nous révèle des devoirs bien supérieurs à ceux que l'homme se doit naturellement à lui-même. Notre âme, en effet, a été rachetée au prix du sang de Jésus-Christ. Comment n'estimerions-nous pas très particulièrement ce qui a coûté si cher à notre adorable Maître? Et comment ne considérerions-nous pas cette âme comme ne nous appartenant plus à nous-mêmes, mais au divin Rédempteur?

12. Notre âme a reçu par la grâce sanctifiante et par les vertus surnaturelles une vie nouvelle qui nous élève au rang des enfants de Dieu et des frères de Jésus-Christ (2). C'est donc un devoir capital pour nous de conserver cette vie et d'éviter de la perdre par le péché mortel, véritable et affreux suicide moral dont nous ne comprendrons bien toute l'horreur qu'au tribunal de l'éternelle justice (3).

(1) C'est vraiment trop abaisser l'homme que d'invoquer uniquement, pour le rendre doux envers les animaux, je ne sais quelles théories sur leurs prétendus droits, sur leurs prétendues vertus, sur leur prétendue ressemblance avec nous. Si parfaits qu'ils soient, il y a toujours entre eux la distance infinie de la matière à l'esprit. Il est aussi absurde que cruel de les traiter comme de simples machines ; mais il est également absurde et ridicule de les traiter comme des frères, parfois même comme des idoles.

(2) Revoir l'*Introduction*, n° 9 ; et Ire partie, ch. III, nos 8 à 10, et 22 à 25.

(3) **Nous** appelons toute l'attention du lecteur sur ce point

13. Notre âme a été spécialement consacrée à Dieu par le double et ineffaçable caractère du baptême et de la confirmation : ce serait un sacrilège de la transformer en un temple d'idoles, par l'habitude du péché et par la pratique du vice. Notre devoir est de veiller à la sainteté d'une demeure que le Saint Esprit a daigné se choisir pour le temps et pour l'éternité.

14. Notre âme est en rapports directs avec Dieu, source de toute vérité et de toute bonté, par les vertus théologales de foi, d'espérance et de charité. Malheur à qui romprait ces canaux célestes par lesquels l'esprit vital et pour ainsi dire la sève de Dieu même nous sont communiqués! Notre devoir est de croire, d'espérer et d'aimer. Notre devoir est de sacrifier tout, absolument tout, quand il le faut, à cette foi sainte pour laquelle des millions de martyrs ont su mourir, — à cette espérance radieuse qui a illuminé pour eux les ombres de la mort, — à cette charité envers Dieu et le prochain, qui leur a fait bénir les plus horribles tourments et prier pour les plus cruels bourreaux.

15. Dieu a décidé d'entretenir la vie de notre âme par la sainte communion, la prière, la prédication de sa parole révélée ; de ressusciter, par la confession et l'absolution, cette vie perdue et détruite par le péché ; de la développer par les œuvres de zèle, de charité, de pénitence, et surtout par l'imitation constante de la vie de Notre Seigneur Jésus-Christ, modèle infiniment attrayant et infiniment achevé de toute perfection morale et religieuse (1). Nous dont la vérité, qui ne saurait être mise en doute, peut avoir une si utile influence sur notre vie morale.

(1) C'est ici le lieu de rappeler et de recommander le petit

avons donc le devoir de participer aux sacrements,
au culte, aux pratiques de l'Eglise catholique. Nous
avons le devoir de marcher sur les traces du Rédempteur et de ses saints. Et lors même que nous ne
serions pas appelés à l'observation des sublimes
conseils évangéliques dont nous avons précédemment
parlé (1), nous sommes du moins obligés à ce
travail ordinaire de perfection et d'accroissement
qui nous est prescrit et déterminé par les lois mêmes
de Dieu et de son Eglise. Le **décalogue** et les
commandements de l'Eglise sont des lois de
perfection ; et ce n'est pas le moindre privilège de
la morale chrétienne que de nous obliger ainsi à être
parfaits comme notre Père céleste est parfait.

16. Grâce à elle et aux puissants moyens dont elle
nous munit à chaque instant, l'héroïsme des vertus est
un phénomène très fréquent dans le monde des âmes.
Les plus humbles et les plus ignorés d'entre les catholiques savent s'élever à une grandeur de caractère et
à une noblesse de vie que la philosophie humaine
atteint bien rarement, et non sans s'admirer et se
faire admirer pour des choses fort simples et fort
communes dans nos rangs. Grâce encore à la morale
chrétienne et à ses résultats surnaturels, la **sainteté**
est une des notes distinctives de la véritable Eglise
de Jésus-Christ, au même titre que l'unité, l'aposto-

livre de l'*Imitation de Jésus-Christ* comme le plus sublime et le
plus efficace traité de morale chrétienne, après l'Evangile.

(1) IIe partie, ch. I, nº 13. — Les théologiens observent que
la pratique des conseils évangéliques peut devenir, en certaines
circonstances, un devoir rigoureux de conscience. Tant il est vrai
qu'entre cette perfection supérieure et la perfection ordinaire il
n'y a pas une si grande distance, et qu'après tout la loi de la
perfection est une loi commune à tous les chrétiens.

licité, la catholicité. En se sanctifiant lui-même, le catholique remplit la haute et consolante mission de faire œuvre d'apôtre, et d'annoncer au monde la vérité de l'Evangile et la divinité de la sainte Eglise romaine.

17. Comment donc ne serait-il pas mille fois plus courageux que le sage de la philosophie humaine? Et comment surtout ne foulerait-il pas aux pieds les sottes railleries des incrédules, les remarques moqueuses des impies, le respect humain, l'opinion des compagnies légères et frivoles? « Fais ce que dois, ô catholique, et advienne que pourra! — Dieu et ton droit te suffisent! Marche en présence de Dieu, et va ton chemin! »

18. La seconde part du trésor que la Providence nous a confié, c'est notre **corps**. La raison y voit un merveilleux instrument au service de l'âme; et, si elle sait pénétrer plus avant, elle trouve dans ce corps si habilement construit, la trace évidente des mains infiniment sages et infiniment puissantes qui l'ont façonné. Elle veut donc que l'on respecte l'œuvre du divin ouvrier; elle veut que cet instrument incomparable soit prudemment conservé, entretenu et dirigé, de façon à être l'utile auxiliaire de l'âme dans ses opérations d'intelligence et de volonté (1).

19. La **conservation** du corps est ici le premier de nos devoirs. Si nous en avions le domaine absolu,

(1) Telle est, en effet, l'unité de l'être humain, que nulle de nos actions spirituelles, dans notre condition actuelle, ne puisse s'exercer sans être préparée par nos facultés corporelles, et sans produire ensuite dans celles-ci une réaction et comme une résonnance de sa propre activité. De là l'importance d'avoir, comme le souhaitaient les anciens sages, « une âme saine dans un corps sain. »

nous pourrions peut-être, en certaines circonstances, le rejeter comme un instrument incommode ou comme un fardeau trop lourd à porter ; nous pourrions ainsi déserter, dans la grande bataille de l'existence, un poste désagréable ou dangereux, et mieux aimer périr de notre main que de la main d'un ennemi visible ou invisible. Des hommes que l'on croyait fort sages ont déraisonné de cette façon, soit en théorie, soit en pratique, et ont donné au monde les tristes leçons et les funestes exemples du **suicide.**

20. Ils n'ont pas su ou voulu savoir que leur suicide était **une injustice envers Dieu** qui leur avait **prêté** et **confié** seulement cette vie corporelle dont lui seul avait le droit de fixer le terme ; un **manque absolu de confiance en sa Providence** qui les avait placés dans telle ou telle circonstance par des raisons de bonté et d'amour envers eux ; une **rébellion ouverte contre sa volonté** qui était de les améliorer, de les perfectionner, de les purifier, par ces douleurs et ces humiliations mêmes où ils ont vu, bien à tort, une raison de se débarrasser de l'existence ; une **lâcheté et une désertion** en face des devoirs et des périls de la vie ; un **scandale** pour les autres hommes ; un **crime** enfin qui est le comble et la consommation de tous les crimes, puisqu'il est inspiré par le désespoir et qu'il exclut toute possibilité de repentir.

21. Pour fortifier sur ce point d'une extrême importance la raison et la morale humaine vacillantes, la morale divine a prononcé, des hauteurs du Sinaï, cette sentence qui est la cinquième loi du décalogue : « Tu ne tueras point ! — Et toi-même, tu seras le

premier que tu ne tueras point. Il te sera permis et
même commandé d'exposer ta vie pour un service
d'utilité publique : soldat, tu devras être prêt à verser
ton sang pour ta patrie ; père de famille, pasteur des
âmes, juge ou médecin, tu devras accomplir ton
devoir jusqu'au bout, dusses-tu y rencontrer la mort.
La charité même, en bien des cas, pourra te per-
mettre d'exposer ta vie et de sacrifier ton sang ; tu
pourras courir au secours des pestiférés ou des nau-
fragés, sauf à mourir avec eux ; tu pourras, au péril
de tes jours, défendre l'innocence et t'offrir même en
victime pour elle. Enfin, il te sera permis de te livrer
avec prudence à un travail intellectuel ou corporel,
à des exercices de pénitence et de mortification, à
des entreprises et à des voyages tels que tes forces et
ta santé y soient menacées et en souffrent peut-être
quelque dommage : l'utilité de ton âme, le bien général de l'humanité, la gloire de Dieu, seront tout à la
fois ta justification et ton autorisation. Mais, quant à
vouloir directement la mort, ou la mutilation, ou la
ruine de ton corps ; quant à te tuer ou à te blesser par
colère, par désespoir, par crainte de souffrir davantage ; quant à exposer ta vie dans un duel absurde
autant que criminel (1), non, cela ne t'est point permis : **tu ne tueras point!** et si tu tombes victime
de l'affreux suicide, l'Eglise n'aura ni prières pour
toi, ni bénédictions pour ton cadavre, ni croix pour
ta sépulture. » Ainsi parlent la religion et la morale
catholiques, après Dieu lui-même. Ainsi devrait
toujours parler la raison humaine, si elle savait toujours raisonner.

(1) Voir le chapitre suivant, n° 9.

22. De ce devoir de conservation résulte pour nous l'obligation de prendre un soin convenable de notre **santé physique**. Point de minuties, sans doute; point de mollesse et de précautions exagérées; mais l'observation des jours de repos et de pénitence prescrits par Dieu et par son Eglise (1); la sobriété dans les repas; la fuite des cabarets et des lieux de plaisir ou d'oisiveté; l'horreur de l'ivresse et de ses suites aussi honteuses que funestes; une grande modération dans l'usage du tabac, des boissons et des liqueurs; la chasteté et ses saintes rigueurs; la propreté dans les habitations et dans les vêtements; la régularité de la vie; l'habitude du travail manuel ou des exercices du corps; parfois même un peu de gymnastique; enfin l'observation des principales lois de l'hygiène, sont d'excellents moyens de remplir cette obligation que nous avons de soigner convenablement notre corps.

23. Un second devoir à remplir à son égard, devoir bien peu connu et peu pratiqué en dehors de la véritable religion, c'est de le traiter avec **respect** : non seulement parce qu'il est l'œuvre la plus admirable dont Dieu ait embelli ce monde matériel; non seulement parce qu'il est le temple, l'instrument, le compagnon de l'âme, et qu'il forme avec elle, lui étant intimement et substantiellement uni, un seul être humain, plein de noblesse et de grandeur (2); mais

(1) L'utilité de ces temps de repos et de pénitence pour le corps lui-même, a été souvent constatée par la science médicale la moins suspecte de favoriser les doctrines et pratiques catholiques.

(2) C'est à cause de cette intime et substantielle union du corps et de l'âme que la résurrection finale, bien qu'elle ne nous

aussi, et surtout, parce qu'il a été divinement annobli par l'incarnation du Verbe qui a daigné se faire chair comme lui ; parce qu'il a été sanctifié directement par les sacrements (1); consacré par les bénédictions multiples et par le culte de l'Eglise catholique ; fréquemment nourri du pain des anges, de la chair et du sang de Notre Seigneur Jésus-Christ ; préparé par cette céleste nourriture à ressusciter un jour de la poussière du tombeau, et à reprendre une vie de gloire et de pureté, de perfection et d'immortalité, dans l'éternelle et bienheureuse patrie.

24. Aussi, l'antiquité païenne et le paganisme moderne ont bien pu ne voir dans ce pauvre corps qu'un vêtement de peu de prix ou qu'un organe de plaisirs sensuels ; les plus doctes et les plus renommés moralistes ont pu se soucier moins que médiocrement de le respecter et de lui épargner les hontes de la corruption et de la débauche. Mais la morale catholique, — sachant par la révélation divine ce qu'il est, ce qu'il vaut, et ce qu'il sera au ciel ou en enfer, — le veut pur, chaste, modeste, mortifié, décent, simple, sans coquetterie ni légèreté, sans arrogance ni fatuité, reflétant la dignité d'une âme qui soit elle-même le clair et radieux miroir de la beauté et de la sainteté de Dieu. C'est-là, à vrai dire, une vertu proprement divine et un privilège réservé à la religion chrétienne. L'histoire des arts démontre que la véritable noblesse de la physionomie

soit pas naturellement due, répond toutefois si bien aux aspirations et aux conditions de notre nature.

(1) En effet, les sacrements de la Loi nouvelle s'appliquent immédiatement au corps et n'atteignent l'âme que par lui. C'est donc à lui que reviennent leurs premières bénédictions.

humaine, la pureté des regards, la candeur du front, la dignité de l'attitude et la beauté du maintien, sont pour ainsi dire les joyaux et la parure angélique dont la grâce de Jésus-Christ couronne l'observation fidèle des lois de la morale catholique relatives à notre corps (1).

25. A nos devoirs envers notre âme et notre corps se rattache, comme conséquence, une obligation relative aux **biens extérieurs**, soit immatériels, comme l'estime publique, la bonne réputation, l'honneur ; soit matériels, comme la nourriture, le vêtement, l'habitation, la terre, l'argent.

26. Ces biens extérieurs ne sont certainement pas le tout de l'homme, son unique ambition, son but suprême. Aux yeux de la saine raison et surtout de la foi, le monde entier, avec toutes ses richesses, n'est qu'un simple **moyen** de remplir nos devoirs envers nous-mêmes, envers le prochain et envers Dieu. Mais ce sont des **moyens,** et à ce titre ils ont leur utilité réelle, ils méritent d'être aimés et désirés, ils valent la peine qu'on travaille à les acquérir. Ce serait donc une folie coupable de mépriser cyniquement l'estime et la bonne réputation nécessaires pour faire quelque bien en ce monde. Ce serait une folie criminelle, pour un père de famille, de dédaigner le pain et les vêtements dont ses enfants ont

____

(1) Les monuments de la peinture et de la sculpture païennes, comme les œuvres de la littérature profane, nous fournissent un type humain très abaissé au moral et souvent au physique ; c'est la vie sensuelle qui domine surtout en lui. Les arts inspirés par la foi catholique nous le montrent spiritualisé et christianisé. Or, ces arts et leurs monuments sont la fidèle copie de la réalité historique.

besoin. Ce serait une paresse dégoûtante, pour un jeune homme ou une jeune fille, de se refuser à toute étude et à tout travail, sous prétexte qu'ils auront bien de quoi vivre autrement. Et enfin c'est un devoir pour tous de se procurer, suivant leurs forces et dans une mesure convenable, ce qui leur est corporellement ou intellectuellement nécessaire pour vivre conformément aux lois de la conscience, de la justice et de la charité.

27. Par conséquent, le **travail** du corps ou de l'esprit est obligatoire pour tous les hommes, parce que tous ont quelque chose à acquérir, à conserver, à augmenter. L'oisiveté ne gagne rien et ne mène à rien ; elle dissipe au lieu d'accroître ce qu'elle a reçu de la Providence ; elle est la mère de tous les vices et la cause de toutes les ruines. La morale païenne a méprisé le **travail corporel ;** la morale révolutionnaire le glorifierait volontiers exclusivement (1). La morale catholique se tient entre ces deux extrêmes. D'abord elle proclame l'utilité et les nombreux avantages de ce travail qui est tout à la fois, s'il est bien dirigé, un instrument de progrès, un exercice de pénitence et d'expiation, une source de santé physique et spirituelle. Mais ensuite elle attribue la supériorité au **travail de l'esprit,** à cause des résultats plus nobles qu'il produit. Elle met au-dessus de tout le reste l'étude des lettres

(1) Le paganisme, par orgueil et sensualité, ne voulait pas du travail du corps. C'est l'Eglise catholique, par sa doctrine, par les exemples de son divin Fondateur et de ses saints, qui l'a réhabilité, mais en le soumettant au travail spirituel. La révolution, par sottise naturelle et par haine de tout ce qui est noble et beau, n'exalte que le travail matériel et matérialiste.

et des sciences, la pratique de la vertu, la méditation
des choses célestes, l'œuvre suréminente de la prière
et de la louange divine; voulant d'ailleurs que les
différentes espèces de travail s'unissent et s'entr'aident pour le plus grand bien de l'homme et pour
la plus grande gloire de Dieu (1).

28. Mais, si le travail est obligatoire pour tous, il
ne doit jamais dégénérer en esclavage, ni supprimer la
liberté de l'âme au profit d'un bien d'ordre inférieur.
L'honneur et le bonheur de l'homme laborieux en
seraient aussitôt altérés et bientôt détruits. Le tra-
vailleur ne doit jamais s'abaisser, par une ambition
ou une cupidité déréglées, au rôle aveugle et honteux d'une bête de somme, d'un esclave enchaîné
à sa meule. Il doit se rappeler qu'il n'est pas uniquement fait pour la terre et pour les richesses cor-
ruptibles; que la souveraine béatitude n'est pas du
tout dans la possession d'une bourse plus arrondie,
d'une maison plus luxueuse ou d'une toilette plus
recherchée. Les anciens, quand ils étaient sages,
vantaient justement la **médiocrité** et ils disaient
qu'elle était d'or; la sagesse chrétienne a pleinement
ratifié cette sentence.

29. **L'économie** et **l'épargne** sont les meilleurs
moyens de conserver les biens temporels légitimement acquis; et à ce titre elles sont un devoir
pour tous ceux que le divin Maître appelle à être,
si peu que ce soit, possesseurs et propriétaires

(1) Les admirables résultats de cette association du travail
intellectuel et du travail corporel se sont montrés avec éclat
dans l'histoire des anciens ordres religieux. On peut les constater
aujourd'hui encore dans une multitude de monastères et de
couvents.

ici-bas. Grâce à elles, on peut remplir exactement ses engagements, éviter bien des catastrophes, soulager beaucoup d'infortunes. Mais il ne faut jamais tomber dans l'ignoble excès d'une **avarice** sordide ou d'une **parcimonie** exagérée : l'opinion publique a mille fois raison de flétrir de pareils défauts ; car ils abaissent l'intelligence, endurcissent le cœur et captivent l'âme tout entière, souvent le corps lui-même, dans les liens étroits d'un esclavage inavouable.

30. Au reste, ce n'est pas la charité envers les pauvres qui accumule les dettes, et qui écrase les individus ou les familles sous le poids de ruines terribles. C'est la paresse et la crainte du travail ; c'est le jeu et la spéculation ; c'est le luxe dans les habits, dans les maisons, dans l'ameublement ; c'est la bonne chère et la fréquentation assidue des cafés, estaminets et cabarets ; c'est la débauche et le désordre des mœurs ; c'est la violation des lois divines et particulièrement la profanation du dimanche par un travail non justifié. L'expérience de chaque jour est ici clairement d'accord avec la révélation divine : « Cherchez avant tout le royaume de Dieu, et le reste vous sera donné par surcroît (1) ! »

(1) S. Matthieu, ch. vi, v. 33. — L'expérience dont nous parlons ici a été particulièrement étudiée de nos jours par l'illustre Fr. Le Play ; ses disciples continuent de l'étudier avec un grand zèle, et ils en obtiennent des résultats d'une évidence toute mathématique et d'une conformité absolue avec la parole du divin Rédempteur.

RÉSUMÉ DU DEUXIÈME CHAPITRE

1. *Comment devons-nous agir envers nous-mêmes?*

Nous devons agir envers nous-mêmes suivant ce que nous sommes pour nous.

2. *Que sommes-nous donc pour nous?*

Nous sommes un dépôt sacré que Dieu nous a confié, un talent que nous devons faire fructifier pour sa gloire et selon sa divine volonté.

3. *De quoi se compose ce dépôt, ce talent?*

De deux choses : de notre âme spirituelle et immortelle, de notre corps matériel et mortel.

4. *Que devons-nous à notre âme dans l'ordre de la nature?*

Nous lui devons de l'estimer plus que le corps; de la respecter, de l'enrichir de science, de sagesse et de vertu; de la maintenir enfin toujours à la place que Dieu lui a faite, infiniment au-dessous de lui, mais infiniment au-dessus du monde matériel tout entier.

5. *Que devons-nous à notre âme dans l'ordre de la grâce?*

Dans l'ordre de la grâce, nous devons à notre âme de lui procurer cette vie surnaturelle de la grâce, de l'y maintenir par les moyens que Dieu nous en a donnés, de l'y faire croître et grandir selon la loi de la perfection chrétienne.

6. *Que devons-nous premièrement à notre corps?*

Nous devons premièrement à notre corps de lui conserver son existence au service de l'âme et de Dieu.

7. *Que faut-il penser du suicide?*

Le suicide est une injustice envers Dieu, un manque absolu de confiance en sa providence, une rébellion ouverte contre ses décrets, une lâcheté envers les devoirs qu'elle nous impose, un scandale pour les autres hommes, un crime qui est le comble de tous les crimes et leur irrémédiable consommation.

8. *A quoi nous oblige ce devoir de conservation de notre corps?*

Ce devoir de conservation de notre corps nous oblige à

en prendre un soin convenable, sans minuties ridicules comme sans imprudences déraisonnables.

9. *Que devons-nous deuxièmement à notre corps?*

Nous devons deuxièmement à notre corps de le traiter avec un respect que la raison et surtout la foi nous commandent impérieusement, et qui doit se traduire surtout par une grande modestie et une soigneuse décence.

10. *Faut-il estimer et rechercher les biens extérieurs, soit immatériels, soit matériels !*

Oui, dans une certaine mesure, il faut estimer et rechercher les biens extérieurs soit immatériels soit matériels; en tant qu'ils sont d'utiles moyens de remplir nos devoirs envers Dieu, envers le prochain et envers nous-mêmes.

11. *De cette obligation relative aux biens extérieurs que concluez-vous par rapport au travail?*

Puisque nous devons nous procurer, dans une certaine mesure, ces biens extérieurs, le travail spirituel ou corporel sans lequel on ne les acquiert pas ou du moins on ne les conserve pas, est obligatoire pour tous les hommes.

12. *Que faut-il surtout éviter dans le travail?*

Il faut surtout éviter de se rendre tellement l'esclave du travail qu'on en vienne à se réduire au rôle honteux d'une bête de somme, ou d'une machine sans âme.

13. *Quels sont les principaux moyens de conserver les fruits de son travail?*

Ces moyens principaux sont l'économie et l'épargne; cependant elles ne doivent jamais dégénérer en avarice ou en parcimonie exagérée.

14. *Sont-ce la charité et l'aumône qui ruinent les familles?*

Non, la charité et l'aumône sont un prêt fait à Dieu qui sait nous en récompenser; mais c'est le péché, le vice, la violation de la loi divine, qui ruinent les familles et même les états.

CHAPITRE III

Devoirs envers les autres hommes.

SOMMAIRE : 1. Formule générale de nos devoirs envers les autres hommes; — 2-3. ce qu'ils sont réellement pour nous, d'après la raison; — 4. deux lois fondamentales dictées par l'égalité qu'il y a entre eux et nous; — 5. ce qu'ils sont pour nous d'après la foi; — 6. le grand précepte de la morale catholique; — 7-9. respect de la vie spirituelle et corporelle du prochain; le duel; — 10-11. respect des biens immatériels d'autrui; l'esclavage; l'honneur et l'estime; — 12-14. respect de ses biens matériels et de son travail; — 15. restitution; — 16-18. devoirs positifs d'affection, de compassion et de miséricorde; — 19. excellence de la morale chrétienne en ce point.

1. Nous ne considérons pas ici les devoirs particuliers que certaines relations de parenté ou de société peuvent nous imposer envers le prochain : ce sera l'objet de la morale sociale dont nous traiterons dans la dernière partie de ce livre. Nous n'avons à examiner en ce moment que nos devoirs communs envers les hommes parce qu'ils sont hommes. En voici la formule générale : **Nous devons agir à l'égard des autres hommes suivant ce qu'ils sont pour nous.**

2. Que sont-ils donc pour nous? Ne le demandez pas à cette fausse morale pour laquelle beaucoup d'entre eux ne sont que des étrangers dont elle n'a pas à se préoccuper; ou que des ennemis dont elle veut triompher afin de s'assurer une plus large place en ce monde et une meilleure part au festin de la vie (1).

(1) La morale de l'intérêt ou du plaisir conduit nécessairement à ces conséquences égoïstes et cruelles; et encore une fois l'arbre se trouve ici jugé par ses fruits. Relire, au ch. IIe de la 1re partie, les n°s 13 à 21.

Ne le demandez pas non plus à cette orgueilleuse morale de l'antiquité qui divise l'humanité en deux catégories, les civilisés et les barbares, ou les hommes libres et les esclaves, soumettant les uns à tous les caprices et à toutes les exigences des autres, et plaçant ainsi tous les droits d'un côté et tous les devoirs de l'autre (1). Ne le demandez pas surtout à cette morale fratricide qui divise aujourd'hui les peuples, et les pousse à s'entr'égorger dans des guerres civiles ou internationales sans trêve et sans merci (2).

3. Mais demandez-le à la raison illuminée par la foi, et elle vous répondra : « Tous les hommes sont tes égaux et tes semblables par leur nature ; ils ont comme toi une âme immortelle et un corps uni à cette âme pour la servir et la compléter. Ils sont comme toi les ouvrages de Dieu, les sujets et les justiciables de Dieu ; ils sont comme toi destinés à l'éternelle béatitude. Ils sont nés d'un même père que toi ; leur sang coule dans tes veines, et ta chair est leur chair. Les différences de condition, de fortune, de science, de capacité, sont seulement accidentelles et ne sauraient briser le lien d'union intime qui te rattache à eux ; et le jour ne tardera pas où elles disparaîtront elles-mêmes sous l'inflexible niveau

(1) Une si monstrueuse erreur était surtout le résultat de l'opinion alors régnante, d'une entière diversité d'origine des différents peuples. Ceux qui combattent aujourd'hui le dogme catholique de la descendance de tous les hommes d'un seul père et d'une seule mère, devraient bien faire attention à cette conséquence funeste de leur négation.

(2) De pareilles guerres et les théories qui les rendent nécessaires sont les fruits du matérialisme et de l'athéisme philosophiques et politiques.

de la mort, ne laissant subsister que les différences du mérite et de la vertu. »

4. Cette égalité native et finale de tous les hommes leur dicte donc ces deux lois fondamentales : 1° **Ne faites à personne ce que vous ne voudriez pas vous voir fait à vous-mêmes;** 2° **Faites à autrui ce que vous voudriez qu'on vous fît à vous-mêmes.** Rien de plus juste, rien de plus utile pour le bonheur du genre humain.

5. Mais nous ne sommes pas seulement des égaux et des semblables; nous ne sommes pas seulement frères par le sang de nos veines et par la substance de notre chair. Nous sommes tous enfants de Dieu par notre vocation à sa grâce et à sa gloire; nous avons tous été rachetés par le sang divin de son fils. Nous sommes tous conviés à être les membres de ce grand corps, de cette grande famille qui est l'Église catholique, et dont Notre Seigneur Jésus-Christ est l'unique chef invisible, comme notre Saint Père le Pape en est l'unique chef visible. Nous recevons le même baptême, le même pain eucharistique, la même pénitence sacramentelle. Le lien admirable de la communion des saints établit entre nous une profonde et touchante solidarité, et voici le premier mot de notre prière à Dieu : **Notre Père qui êtes aux cieux.**

6. Aussi le grand précepte de la morale catholique est-il celui-ci : **Aimez-vous les uns les autres** (1). Aussi, quand nous disons à Dieu que

(1) Notre Seigneur Jésus-Christ n'a cessé de déclarer, par ses exemples comme par ses paroles, que telle devait être la marque distinctive de ses vrais disciples. L'apôtre et l'ami de son cœur, saint Jean l'évangéliste, ne pouvant plus prêcher à cause de son

nous l'aimons, nous empressons-nous d'ajouter : **et j'aime mon prochain comme moi-même.** Aussi l'une des joies les plus douces que nous espérons trouver dans le ciel est-elle l'union parfaite de tous les élus dans la possession du même héritage, dans la paix du même sein paternel.

7. De ces principes généraux il est facile de déduire quels devoirs nous avons à remplir envers le prochain. Ils sont analogues à ceux que nous remplissons envers nous-mêmes.

8. Tout d'abord, nous devons respecter la **vie spirituelle et corporelle** des autres. Nous n'avons pas le droit de tuer ou d'altérer leur vie morale et religieuse par des conseils, des paroles et des exemples de scandale. Le scandaleux qui tue l'âme de son frère et la précipite dans l'éternel enfer, est plus coupable que l'assassin qui tue le corps mais qui laisse vivre l'âme pour l'éternité (1).

9. Nous n'avons pas le droit de tuer ni de blesser la vie corporelle du prochain, si ce n'est en cas de guerre légitime, ou de légitime défense, ou d'obéissance à la sentence et à l'ordre d'un juge légitime (2). La vengeance appartient à Dieu, et il s'est réservé le droit de l'exercer par lui-même ou par les pouvoirs sociaux qui émanent de lui. Je n'ai pas plus le droit

extrême vieillesse, redisait encore sans se lasser : « Aimez-vous les uns les autres ; c'est le commandement du Maître, et il suffit. » Qui l'accomplit bien, accomplit ou accomplira tous les autres.

(1) Rien n'est donc étonnant dans les anathèmes dont Jésus-Christ foudroie celui qui scandalise le plus petit de ceux qui croient en lui.

(2) Tels sont les seuls cas où l'homme puisse verser le sang d'un autre homme.

de nuire au prochain qui est mon égal, que de me nuire à moi-même. Je n'ai pas plus le droit de le priver de sa vie, que de me priver de la mienne. Et par conséquent, ni lui ni moi ne saurions jamais avoir le droit de nous battre en **duel,** parce que, pour lui comme pour moi, le duel serait un crime d'homicide doublé d'un suicide. En effet, si je veux blesser et tuer mon adversaire, ne suis-je pas un assassin? et si je consens à être moi-même blessé et tué par lui, ne suis-je pas un suicide? Et lui, de son côté, n'est-il pas au même titre que moi suicide et assassin? Les doutes et les sophismes de la raison n'y peuvent absolument rien; et les lois humaines, à la suite des lois de Dieu et de l'Eglise, doivent sévèrement punir un si horrible et si barbare usage. Vainement on invoque pour s'y conformer, **l'honneur** ou **le point d'honneur,** la nécessité **de venger ou de laver son honneur** dans le sang; comme si le véritable honneur, le souverain point d'honneur, la suprême nécessité, n'étaient pas d'obéir aux lois imprescriptibles de la morale, et de confier à Dieu et aux puissances établies par lui le soin de protéger ou de venger des droits qui peuvent tout aussi bien succomber que triompher, — cela s'est vu souvent, — dans la lutte absurde d'un duel.

10. Nous devons aussi respecter les **biens d'autrui** : soit ses biens immatériels, sa liberté, sa réputation, son honneur; soit ses biens matériels, son argent, ses vêtements, la maison qu'il possède, le champ qu'il cultive, les instruments de son travail. — Quant aux biens **immatériels,** ils touchent de si près

à la personnalité humaine qu'on ne peut guère prétendre avoir le droit de l'en dépouiller, sans avoir perdu les notions les plus élémentaires de la morale. Aussi n'est-ce pas sans une profonde horreur qu'on rencontre encore de notre temps des hommes assez barbares pour oser réduire en esclavage, et vendre comme un vil bétail, de pauvres créatures humaines que le sang de Jésus-Christ a rachetées et élevées à la dignité d'enfants de Dieu. **L'esclavage** a été l'une des hontes de l'antiquité, de sa politique, de sa philosophie. L'Eglise catholique, dès le temps des apôtres, l'a combattu avec une énergie admirable, et n'a cessé de revendiquer pour tous les hommes l'indépendance morale, le droit à l'estime et au respect, la libre participation aux biens sacrés de la vie religieuse et intellectuelle. Aujourd'hui encore elle met sa sollicitude la plus maternelle à défendre la liberté de ses enfants contre les dangers de l'industrie moderne, et à propager dans le monde entier la vérité libératrice de l'Evangile (1).

11. Aujourd'hui comme toujours elle condamne hautement la calomnie et la médisance, les injures et les insultes, les indiscrétions et les mauvais rapports, les soupçons et les jugements téméraires; tout ce qui diminue le patrimoine d'honneur et d'estime dont jouissent les familles; tout ce qui blesse la considé-

(1) Sans l'Eglise catholique, le monde ne serait pas sorti de l'esclavage, ou bien, s'il en était sorti pour un moment et en quelque contrée, il y serait retombé par la tyrannie des esclaves eux-mêmes qu'il ne suffit pas d'affranchir, mais qu'il faut convertir et civiliser, si l'on ne veut pas les voir se changer subitement de victimes en oppresseurs. Le véritable affranchissement, le seul qui soit meilleur que l'esclavage, c'est l'affranchissement des âmes en même temps que des corps.

ration et le respect dont tout homme a besoin ici-bas, et dont il ne peut être dépouillé que par sa propre faute.

12. Les biens **matériels** sont eux-mêmes protégés par un **droit de propriété** assez évident et assez légitime pour résister aux attaques du socialisme ancien ou moderne (1). N'est-ce pas une nécessité, pour la famille comme pour l'individu, qu'ils possèdent en propre ce dont ils ont besoin pour remplir leur destinée et pour accomplir en toute liberté leurs devoirs ici-bas? Le fruit de leur travail ne leur appartient-il pas comme ce travail lui-même? S'ils ont la libre possession de leurs facultés spirituelles ou corporelles, ne l'ont-ils pas des actions qui en procèdent et des choses qui sont créées ou transformées par elles? Et quand ils sont arrivés ainsi à posséder légitimement quelques biens, ne peuvent-ils pas en disposer à leur gré, les vendre et les donner, les transmettre à leurs enfants et les partager entre leurs héritiers?

13. Attenter à la propriété d'autrui est donc un acte sévèrement proscrit par la morale. Larcins et fraudes, vols et tromperies, dégradations et pillages, complicité et recel, fourberie et duplicité dans les transactions, mauvaise foi dans les contrats, faux serments, trahisons et parjures, basses flatteries et mensonges, — tous ces actes dont un honnête homme ne pourrait être soupçonné sans être accablé de honte et de douleur, — sont également réprouvés par

(1) Le socialisme ou communisme, qui veut détruire la propriété particulière au profit de la société ou de la communauté, n'est en réalité que l'égoïsme de quelques individus qui voudraient vivre aux dépens de tous les autres.

la simple conscience humaine et par la loi divine.
Dieu a dit : **Tu ne voleras pas!** et non seulement
il a dit cela, mais encore : **Tu ne convoiteras pas
injustement, tu n'envieras pas illégitimement
les biens du prochain** (1). L'esprit de droiture et
de justice dans les affaires commerciales, d'équité et
de délicatesse dans le maniement des intérêts où nous
sommes mêlés, est donc une des formes essentielles
de l'esprit catholique. Du reste, quand on est
intimement pénétré des principes de la foi et sainte-
ment préoccupé des espérances immortelles dont elle
est la base, comment ne regarderait-on pas de haut
ces misérables biens d'un jour? et comment n'au-
rait-on pas l'âme libre et le cœur dégagé à leur
endroit?

14. Le **travail** étant le moyen le plus ordinaire d'acquérir les biens dont nous parlons, il doit être lui-
même scrupuleusement et consciencieusement respecté dans sa liberté et dans son exercice légitime.
L'empêcher par fraude ou par violence, en détruire
les instruments ou les produits, entraver le commerce
et l'industrie, ce n'est pas autre chose que manquer
à la justice et à la probité (2).

15. On le sait, toute injustice demande une réparation et impose, quand il est possible, une exacte **restitution**; et si la conscience humaine se montre parfois

(1) Admirable pureté de la morale chrétienne! Elle ne veut
pas seulement que les mains soient nettes; elle veut que les
consciences le soient aussi, parce que le Père céleste voit dans
le secret, et qu'il sonde et juge les cœurs mêmes.

(2) On voit par là que si les grèves peuvent être quelquefois
justes, leurs moyens, leurs procédés et leurs résultats, laissent le
plus souvent fort à désirer au regard des principes catholiques.

trop indulgente et trop large sur ce point, la conscience catholique demeure inflexible et sait résister à toutes les condescendances que ce sordide intérêt ose réclamer d'elle. « Le péché n'est pas remis si la restitution n'est pas faite, » s'écrie-t-elle depuis des siècles.

16. Les devoirs que nous venons de considérer sont principalement **négatifs** : ils nous défendent de nuire au prochain, plutôt qu'ils ne nous enjoignent de lui faire du bien. Aussi faut-il les compléter par des devoirs **positifs** dont l'accomplissement nous rendra bons et utiles envers les autres hommes, conformément à la grande loi de la charité chrétienne.

17. Oui, c'est un devoir d'aimer le prochain, non seulement au fond du cœur ou en paroles, mais en œuvres et en action. Oui, c'est un devoir de contribuer autant qu'on le peut à son bonheur éternel par une prudente et charitable coopération de prières, de bons exemples, souvent même de conseils et de corrections fraternelles. Oui, c'est un devoir de procurer aux autres la paix dont on veut jouir soi-même; la facilité de vivre de la double vie du corps et de l'âme; le bonheur de posséder la foi catholique; la consolation d'espérer une béatitude sans fin comme sans nuages; la grâce suprême de s'endormir dans les bras maternels de l'Eglise et de recevoir, au delà même du tombeau, l'aide charitable de ses bénédictions et de ses suffrages.

18. Mais surtout c'est un devoir d'être compatissant et miséricordieux pour les victimes de l'ignorance, de l'erreur et du vice, tout en conservant une invincible horreur pour la cause de leur misère morale.

C'est un devoir de leur tendre la main qu'ils réclament pour sortir des ténèbres de leur aveuglement, et pour revenir à la pure et douce lumière de la vérité et de la vertu. C'est un devoir d'écarter, quand on le peut, les périls et les dangers qui menacent le prochain. C'est un devoir d'être serviable et disposé à aider tout le monde ; d'être particulièrement secourable aux pauvres, aux petits, aux abandonnés, aux faibles et aux persécutés, voyant en eux l'image même de Notre Seigneur Jésus-Christ qui les a spécialement aimés et a daigné les constituer ses représentants ici-bas. C'est un devoir de leur faire l'aumône matérielle de quelque nourriture ou de quelque monnaie, de vêtements ou de combustibles, d'une occupation ou d'un travail productifs ; mais surtout l'aumône spirituelle d'une parole affectueuse, d'un avis sage et dévoué, d'un renseignement obligeant, d'un procédé courtois, d'une consolation discrète. C'est un devoir de contribuer selon son pouvoir au soulagement des malades et des infirmes, à l'amélioration morale des coupables et des condamnés, au plus grand bien du prochain pour la plus grande gloire de Dieu (1). Certainement nous ne sommes pas tous tenus, au même degré, de remplir tous ces devoirs à l'égard de tous les hommes. Mais, dans le cercle où la Providence divine nous a

(1) Nous ne faisons que tracer une esquisse générale des devoirs à remplir envers le prochain. Les saintes Écritures, dans les livres sapientiaux, les évangiles et les épîtres des apôtres ; l'histoire de l'Église et des institutions monastiques ; la vie des saints, surtout des saints du xvie siècle jusqu'au nôtre ; les publications spéciales de ce temps relatives aux bonnes œuvres, fournissent une très ample matière à l'admiration et à l'imitation de ceux que la grâce de Dieu porte au service du prochain.

placés, dans la mesure de l'influence et des ressources qu'elle nous a confiées, suivant ce que les circonstances nous permettent ou nous pressent de faire, nous devons être des hommes de dévouement et de charité envers le prochain.

19. Telles sont les prescriptions de la sainte et belle morale évangélique; tel est le langage du catéchisme catholique auquel nous renvoyons de nouveau pour de plus amples et de plus précis développements. Mais nous osons dire, ce qu'atteste d'ailleurs l'histoire du monde, que telles n'eussent jamais été les inspirations et les œuvres de la morale simplement naturelle; que telles surtout ne furent jamais les traditions du paganisme ni de la révolution. Pour comprendre, et bien plus encore pour accomplir ces devoirs de fraternel amour, il faut avoir au cœur autre chose qu'une froide philanthropie (1), qu'une bienfaisance réglée par des considérations philosophiques ou politiques : il faut **aimer,** d'un acte de charité surnaturelle, **son prochain comme soi-même,** et cela **pour l'amour de Dieu.**

RÉSUMÉ DU TROISIÈME CHAPITRE

1. *Comment devons-nous agir envers les autres hommes*
Nous devons agir envers les autres hommes suivant ce qu'ils sont pour nous.

(1) *Philanthropie* signifie bien, selon l'étymologie, *l'amour de l'homme;* mais ce mot prétentieux, qu'on a voulu substituer à celui de *charité,* ne désigne en réalité qu'une chose pleine de sécheresse et de calcul, sans enthousiasme et sans élans, aussi peu digne que possible de s'appeler *amour du prochain.*

2. *Que sont-ils donc pour nous?*

Ils sont nos semblables et nos égaux par leur nature; ils sont les créatures de Dieu et ses enfants adoptifs comme nous; ils sont les fils du même père que nous, et ils ont un même et unique sang avec nous; ils sont appelés à être de la même Eglise que nous, et à partager comme nous l'héritage du divin Rédempteur.

3. *Quelles conclusions tirez-vous de là?*

Je tire de là trois conclusions principales : 1º nous ne devons pas faire aux autres ce dont nous ne voudrions pas pour nous; 2º nous devons faire aux autres ce que nous souhaiterions pour nous; 3º nous devons aimer notre prochain comme nous-mêmes.

4. *Appliquez ces conclusions générales à la vie spirituelle du prochain.*

Nous devons respecter et favoriser la vie spirituelle du prochain, nous gardant bien de la tuer par le scandale.

5. *Appliquez ces mêmes conclusions à la vie corporelle du prochain.*

Nous n'avons pas de nous-mêmes le droit de blesser ou de tuer le prochain, sauf en cas de légitime défense; et la vengeance ne nous appartient pas.

6. *Que pensez-vous du duel?*

Le duel est un crime d'homicide doublé d'un suicide; et le véritable point d'honneur doit être d'éviter ce crime aussi absurde qu'horrible.

7. *Quel est notre devoir relativement aux biens d'autrui?*

Nous devons respecter scrupuleusement les biens d'autrui: soit ses biens immatériels, comme sa liberté, sa réputation et son honneur; soit ses biens matériels, comme son travail, son industrie et son commerce.

8. *Que pensez-vous de l'esclavage?*

Je pense de l'esclavage ce qu'en pense l'Eglise elle-même qui n'a cessé de travailler avec autant de force que de prudence à le supprimer, à l'adoucir du moins et à le moraliser, et surtout à en prévenir le retour sous de nouvelles formes.

9. *Le droit de propriété est-il aussi respectable qu'on le dit?*

Oui, le droit de propriété est fondé sur l'essence même de la nature humaine et sur la volonté formelle de Dieu.

10. *A quoi oblige la violation des droits et des biens du prochain?*

Elle oblige à réparation et à restitution.

11. *Les devoirs négatifs que vous venez d'exposer sont-ils les seuls auxquels nous soyons tenus?*

Non, ils ne sont pas les seuls; et nous avons aussi des devoirs positifs à remplir envers le prochain.

12. *Quels sont ces devoirs positifs envers le prochain?*

Nous devons aimer réellement le prochain; contribuer autant que nous le pouvons à son bonheur temporel et surtout éternel; secourir principalement ceux qui en ont le plus besoin dans leur âme ou dans leur corps; et pour cela les voir en Dieu et voir Dieu en eux.

MORALE SOCIALE

Si l'homme, considéré individuellement, est soumis aux lois de la morale, il n'est pas moins tenu de leur obéir, quand, uni à d'autres hommes, il forme avec eux des sociétés. Ne serait-ce pas, en effet, une chose incompréhensible et absurde, que le nombre détruisît l'autorité des lois de la conscience, et que deux ou trois hommes, constitués socialement, ne fussent plus obligés à faire le bien et à fuir le mal (1)?

Bien au contraire, l'homme qui fait partie d'une société, — et c'est le cas de tous, — est soumis comme tel à des lois spéciales que la raison humaine et la révélation divine lui manifestent, et qui sont l'objet de la morale sociale (2). Cette branche de la science morale a donc pour but de régler les droits et les devoirs des sociétés humaines.

Or, les sociétés humaines dont nous avons à nous occuper ici, sont seulement au nombre de deux : la

(1) Si absurde et si incompréhensible que cela soit, les prétendus libéraux, même de ceux qui se disent catholiques, ne craignent pas de l'admettre, surtout en pratique. Le « libéralisme » vante beaucoup la liberté, principalement aux dépens des droits de Dieu sur le monde. C'est assez dire ce qu'il vaut.

(2) Dieu, étant l'auteur des sociétés comme des individus, a nécessairement dû leur imposer des lois qu'elles sont rigoureusement tenues d'observer sous peine de rébellion contre la plus haute et la plus sacrée de toutes les autorités.

famille et la patrie (1). Aussi, après avoir considéré, dans un premier chapitre, les lois morales communes à ces deux sociétés et même à toutes les autres (2), nous examinerons, dans un deuxième chapitre, les lois morales de la famille, et dans un troisième et dernier, les lois morales de la patrie.

CHAPITRE I

Lois morales communes à toute société humaine.

SOMMAIRE : 1. Définition de la société ; — 2. toute société doit tendre au bien ; — 3-4. et par conséquent à Dieu dont elle doit respecter tous les droits ; — 5. loi sociale du respect de l'autorité, en raison de son caractère divin ; — 6-8. loi sociale de charité et de justice ; — 9-10. ce qu'elle interdit et ce qu'elle prescrit relativement à la vie matérielle et morale des individus, et relativement à leurs biens.

1. Une **société** est l'union constante de plusieurs personnes qui tendent vers un même bien, et s'efforcent de l'atteindre par leurs communs efforts.

2. Le **bien** est donc la loi suprême de toute société et le principe fondamental de la morale sociale, comme il est la loi suprême de tout individu et le principe fondamental de la morale particu-

(1) La plus parfaite et la plus importante de toutes les sociétés est l'Eglise catholique romaine, divinement constituée pour compléter toutes les autres et pour leur servir de modèle. Mais l'étude de ses lois particulières, si intéressante qu'elle soit, ne rentre point dans notre programme.

(2) A l'Eglise elle-même, aux ordres religieux, aux associations de toute sorte fondées parmi les hommes.

lière (1). C'est pour le bien, c'est afin de l'acquérir et de le procurer plus facilement à chacun de leurs membres, que toutes les sociétés existent; et comme le bien ne peut s'obtenir que par des actes bons et vertueux, c'est de cette sorte d'actes que toutes les sociétés doivent se préoccuper. Une société organisée pour le mal, ou prétendant arriver au bien par le mal, serait donc en contradiction flagrante avec la première de toutes ses lois, et ne mériterait même plus le nom de société.

3. Or, Dieu est la source et le sommet de tout bien; il est le bien absolu, le bien infini, le bien parfait (2). C'est donc vers Dieu que toute société doit tendre et graviter, comme les astres vers le soleil, leur chef et leur centre. Si, malheureusement, la raison de nos contemporains en doute trop souvent; et si elle est assez folle, assez audacieuse, pour prétendre organiser des sociétés, des familles, des nations, sans Dieu et même contre Dieu, — la raison antique avait été plus sage et vu plus clair. Elle avait déclaré qu'il était moins impossible de bâtir une ville en l'air qu'une société sans Dieu. Elle avait proclamé que nulle part on n'avait rencontré de familles sans religion, de tribus sans cultes, de cités et de peuples sans autels (3). Elle avait vu que si Dieu est absolument nécessaire à la morale individuelle (4), il l'est tout autant, pour ne pas dire davantage, à la morale

(1) Relire l'*Introduction*, n° 5.

(2) Revoir dans la Ire partie, ch. II, les n°s 22 à 31.

(3) Ainsi parlent notamment Cicéron et Plutarque.

(4) Se rappeler notre réfutation de la morale indépendante; Ire partie, ch. II, n°s 14 à 21.

sociale. Elle avait enfin subi avec horreur la tyrannie des princes qui avaient voulu se mettre à la place de la Divinité, et des foules qui s'étaient abandonnées à l'athéisme pratique ; et elle en avait reçu la conviction, bien justifiée par l'expérience de tous les siècles qui ont suivi, de l'impossibilité de trouver la paix, la prospérité et le bonheur, sur une terre sans Dieu et sans religion.

4. La révélation a mis ces principes et ces faits dans une lumière éclatante. La sainte Écriture ne cesse d'affirmer les droits de Dieu sur les sociétés humaines et de prouver, par les témoignages irrécusables de l'histoire, que la justice et la sainteté sont les fondements nécessaires d'une famille et d'un peuple soucieux d'exister, désireux de prospérer (1). D'âges en âges, l'Église catholique a proclamé la même doctrine, et en a montré l'évidente application aux événements contemporains. Et que sont les enseignements fameux des papes de ce siècle, les encycliques de Grégoire XVI, le *Syllabus* de Pie IX, les admirables lettres apostoliques de Léon XIII (2), sinon le développement de cette loi essentielle à toute

(1) On sait avec quelle éloquence et quelle profondeur Bossuet a commenté cet enseignement de l'Écriture sainte dans son *Discours sur l'Histoire universelle*.

(2) Le *Syllabus* de Pie IX, si déplaisant aux libéraux, même catholiques, est un recueil de propositions ou plutôt d'erreurs modernes en opposition avec la doctrine de l'Église. On a voulu, à plusieurs reprises, en diminuer l'autorité. Espérons qu'on n'essaiera plus, après le récent bref où Léon XIII, s'adressant à Mgr l'évêque de Périgueux, cite le *Syllabus* comme un véritable document pontifical. — Quant aux encycliques des derniers Papes, et surtout de Léon XIII, relativement aux grandes questions contemporaines, on ne saurait trop les consulter comme d'admirables traités de haute morale sociale.

morale sociale : « Peuples, vous reconnaîtrez et vous servirez Dieu ; vous lui soumettrez vos lois et vos constitutions ; vous croirez en sa parole, vous garderez ses commandements, vous respecterez et protégerez son Église ; vous honorerez son nom, son saint jour, son culte, ses sacrements; vous empêcherez l'hérésie de nier sa révélation, le schisme de déchirer l'unité de son Église, l'impiété de blasphémer contre lui et de violer la sainteté des personnes, des choses et des jours qui lui sont consacrés ; vous aiderez à la propagation de son évangile, à la mission de ses apôtres, à la sanctification de ses élus. C'est pour ce but finalement qu'existent les sociétés humaines, et elles ne peuvent y manquer, sous aucun prétexte de laïcisation et de libéralisme catholique ou non. Une société qui ne reconnaît pas la divine autorité de Jésus-Christ, pèche contre ce qu'il y a de plus essentiel en fait de morale sociale ; et au lieu de profiter des innombrables bienfaits, même temporels, dont le catholicisme est la source inépuisable, cette société marche droit et vite à sa ruine. » Tel est en résumé l'enseignement solennel de l'Église romaine dans ces dernières années. Puisse-t-il être entendu de tous les peuples! car tous, à l'heure présente, ont le plus grand besoin de l'entendre et d'en profiter, s'ils ne veulent périr comme périt nécessairement tout ce qui nie et renie Dieu.

5. Une autre loi sociale, facile à observer avec le christianisme, mais impraticable sans lui, est la loi du respect de l'**autorité.** Sans autorité et sans obéissance, la vie sociale est impossible ; l'unité dispa-

raît ; la confusion, le désordre, la révolution, détruisent toute paix, toute sécurité, et empêchent tout progrès. Mais si la foi ne nous fait pas reconnaître la puissance de Dieu même dans tout pouvoir légitime, s'exerçant légitimement ; si elle ne nous montre pas le caractère vraiment noble et sublime de l'obéissance rendue, à cause de Dieu, aux commandements d'une autorité humaine ; si, au contraire, nous prêtons l'oreille aux doctrines mensongères d'après lesquelles le droit de commander vient uniquement de la force de celui qui a pu s'en emparer, ou du nombre de ceux qui ont voté pour lui, ou du bon plaisir de la nation qui a bien voulu se dessaisir de ses droits pour les faire exercer par tel ou tel délégué ; — si, dis-je, la notion de l'autorité est ainsi dénaturée par les erreurs des philosophes et des politiques modernes, ainsi dépouillée de l'auréole surnaturelle dont Dieu l'avait environnée et consacrée, — qui nous empêchera de la mépriser, de lui résister en face ou secrètement, de la renverser enfin et de la fouler aux pieds ?

6. **La loi d'autorité veut être complétée par celle de charité et de justice.** Puisque toute société est composée de personnes tendant au même but par leurs efforts combinés et concentrés vers ce but, il est évident que ces personnes doivent vivre dans des rapports mutuels d'amitié, de solidarité (1), d'union, de fraternité, et qu'elles doivent se rendre les unes aux autres ce que chacune a le droit de retirer des biens mis en commun.

(1) **Du mot latin** *solidus,* **qui signifie** *compact, étroitement uni et resserré.*

7. Voilà ce que dit la raison ; mais que fait-elle sans la religion ? Dans l'antiquité, les sociétés, — familles, tribus ou nations, — sont divisées par les haines les plus profondes, ensanglantées par les plus horribles cruautés. Vainement quelques sages parlent d'humanité, de serviabilité, de sociabilité, de philanthropie (1), pour employer le langage des modernes qui n'ont rien su trouver de plus que leurs devanciers du paganisme. Ces grands mots et les phrases éloquentes où on les enchâsse n'empêchent pas la Grèce et Rome, l'Orient civilisé et le monde barbare d'opprimer la femme et les enfants au foyer domestique, les esclaves dans les mines ou dans les champs qu'ils cultivent comme de misérables bêtes de somme, les peuples vaincus et massacrés comme le plus vil bétail.

8. Il faut que Dieu, dans l'Ancien Testament, plaide sans cesse la cause de la justice et de la fraternité, pour qu'elles trouvent encore un abri, hélas ! souvent violé, en Israël. Il faut que le Fils de Dieu vienne en ce monde apporter la loi d'amour et de miséricorde, pour que la société humaine commence à revivre et la terre à respirer. Il dit aux hommes qu'ils sont les créatures d'un même Dieu, les enfants d'un même Père céleste, les membres d'une même famille terrestre, les héritiers d'un même royaume éternel ; qu'ils doivent s'aimer les uns les autres comme ils ont été aimés de leur Rédempteur ; et que telle sera

(1) L'humanité est le sentiment qui relie l'homme à l'homme ; la serviabilité l'incline à rendre service à ses semblables ; la sociabilité le rend apte à vivre en bonne harmonie avec ses voisins ; la philanthropie, — du grec *philos*, ami, et *anthrôpos*, homme, — est l'amour de l'homme pour les autres hommes.

désormais la marque distinctive des sociétés rachetées et transformées par l'effusion de son sang. Ses apôtres, ses pontifes et ses prêtres, ne cesseront jamais de contribuer de tous leurs efforts à resserrer parmi les hommes les liens de la charité, de l'affection fraternelle, de la reconnaissance envers les bienfaiteurs, de la fidélité dans l'amitié. Ils développeront de tout leur pouvoir les sentiments de générosité et de bienveillance envers le prochain, de dévouement pour les faibles et les petits, de tolérance et de patience à l'égard des dissidents (1). Ils enseigneront le pardon des injures, la clémence et la miséricorde envers les coupables, la justice et la bonté envers les inférieurs, les ouvriers et les pauvres. Au souffle de l'esprit catholique, on verra surgir de toute part des maisons de prière et d'expiation pour les besoins et les péchés de tous, des asiles pour la misère, des écoles et des orphelinats pour l'enfance, des patronages et des refuges pour la vertu à sauvegarder ou à reconquérir, des hospices ou Hôtels-Dieu (2) pour les étrangers et les malades, des associations pour la visite des prisonniers et l'amélioration morale des condamnés, des œuvres de prêts et d'avances,

(1) Les *dissidents*, — du latin *dissidere*, s'asseoir à part, — sont ceux qui se séparent des autres, surtout par leurs erreurs religieuses. L'Église, tout en détestant les erreurs, n'a jamais cessé de recommander la douceur envers les errants. Elle n'est donc aucunément responsable des malheurs où ils sont tombés, soit par leurs propres excès contre les catholiques, soit par la politique plus ou moins chrétienne de ceux-ci.

(2) Les Hôtels-Dieu ont été ainsi nommés par nos pères, parce que c'est Dieu même qui y reçoit les pauvres et les malades, et que c'est à lui encore, dans la personne de ces pauvres et de ces malades, que l'hospitalité y est donnée.

des unions de secours et de services mutuels, et une infinité d'autres manifestations de cette loi de justice et de charité que le catholicisme seul a pleinement connue, et qu'il est seul à pouvoir appliquer dans toute son étendue, avec tous ses fruits de paix et de prospérité.

9. L'observation de la loi de justice et de charité sociales interdit absolument, à toutes les sociétés humaines, de nuire à la vie religieuse et morale de leurs membres ; de leur donner le scandale d'une audacieuse violation des lois divines ; de les corrompre ou de les laisser corrompre par la presse, par les représentations théâtrales et les musées particuliers ou publics, par l'entraînement des relations dangereuses et des mauvais exemples. Chefs de l'État et chefs de l'armée, magistrats de la cité ou patrons et industriels, pères de famille ou instituteurs de l'enfance et de la jeunesse, tous ceux qui ont l'autorité en mains, doivent veiller à ce que la liberté du bien soit respectée et protégée parmi leurs inférieurs, et que la licence du mal y soit prudemment et énergiquement réprimée. Il faut que l'enseignement des vérités chrétiennes, la pratique des commandements et des conseils évangéliques, le zèle de la perfection et l'amour des vertus les plus héroïques, trouvent dans la société une entière liberté à leur action, un large encouragement à leur essor. Il faut que le mal et l'erreur, les ligues antichrétiennes et les sociétés secrètes réprouvées par l'Église, loin d'empiéter toujours sur le terrain du bien et de la vérité, se voient peu à peu refoulés en arrière, et réduits à ne plus susciter d'obstacles à la seule liberté que la

foi et la saine raison puissent reconnaître : la liberté
d'obéir à Dieu et d'arriver au salut éternel. Voilà en
quoi consistent, pour les sociétés humaines, la vraie
charité et la véritable justice (1).

10. En même temps qu'elle prescrit ce respect de la
vie morale des individus, la loi de justice et de charité oblige toutes les sociétés à prendre soin de la
vie physique et des biens extérieurs de leurs
membres. Sans doute, l'intérêt des particuliers doit
céder le pas à l'intérêt public; et souvent il faudra
que les forces, les biens, la vie même de quelques-
uns, soient sacrifiés au bonheur de tous. Le père de
famille consumera son existence au profit de ses
enfants; le maître usera la sienne pour l'utilité de ses
élèves ; le prêtre et le médecin iront mourir au chevet
des malades; le soldat versera son sang pour la
défense de la patrie ; tous les citoyens d'une ville ou
d'un peuple consacreront une part de leurs revenus
à payer la dette publique. Mais la morale catholique
ne permettra jamais que, sous le masque d'une autorité quelconque, certains hommes exploitent les
autres et accaparent injustement pour eux-mêmes
le patrimoine de tous ; que la tyrannie d'un seul ou
de plusieurs fasse le malheur et l'infortune d'une
nation ou d'une famille entières ; que la richesse et
le plaisir des supérieurs soient leur unique préoccupation, et qu'ils n'aient pour leurs inférieurs que
mépris et dureté de cœur. La morale sans Dieu peut
facilement autoriser de pareils excès ; mais la morale

(1) Il faut en convenir, tel n'est pas généralement le programme
des hommes politiques de notre temps. Mais aussi à quoi arrivent-
ils avec leurs fausses théories et leur morale sociale sans Dieu?
A la confusion et à la ruine universelles.

de Dieu les flétrit comme des crimes horribles, et elle impose, à tout homme constitué en dignité et en charge, de gérer les intérêts sociaux avec une entière probité et un absolu désintéressement ; de résister à toute flatterie et à toute sollicitation coupable ; d'être soigneux et diligent, intègre et impartial ; de rendre à chacun ce qui lui est dû, et de se dépenser soi-même pour le bien de tous.

RÉSUMÉ DU PREMIER CHAPITRE

1. *Qu'est-ce qu'une société ?*

Une société est l'union constante de plusieurs personnes qui tendent vers un même bien et s'efforcent de l'atteindre par leurs communs efforts.

2. *Quelle est la loi fondamentale de toute société ?*

La loi fondamentale de toute société est de faire et de rechercher le bien pour tous ses membres.

3. *Une société peut-elle se passer de Dieu ?*

Comme il n'y a pas de bien sans Dieu, et que Dieu est la source de tout bien, il est impossible qu'une société raisonnable se passe de Dieu.

4. *Peut-elle du moins se passer de Jésus-Christ et de l'Église catholique ?*

Dieu ayant établi Jésus-Christ pour être le docteur et le sauveur du monde, et l'Église catholique pour continuer la mission de Jésus-Christ, aucune société ne peut, sans manquer à l'ordre divin, se passer de Jésus-Christ et de son Église.

5. *Qu'arrive-t-il aux sociétés qui prétendent se passer de Dieu, de Jésus-Christ et de son Église ?*

Il leur arrive nécessairement de marcher à leur ruine, en perdant les principes nécessaires à la paix et à la prospérité des sociétés humaines.

6. *Quels sont ces principes nécessaires aux sociétés humaines ?*

Ces principes ou ces lois nécessaires aux sociétés humaines sont les deux suivants : 1° le principe d'autorité ; 2° le principe de charité et de justice.

7. *Que prescrit le principe d'autorité ?*

Le principe d'autorité prescrit d'obéir aux autorités sociales légitimes, en voyant en elles une émanation de l'autorité divine elle-même.

8. *Que défend la loi de charité et de justice ?*

Cette loi défend à toutes les sociétés humaines d'abuser de leur puissance et de leurs moyens d'action, pour léser les intérêts temporels ou spirituels de leurs membres.

9. *Que prescrit cette même loi de charité et de justice ?*

Elle prescrit aux sociétés humaines de prendre soin de la vie physique et des biens extérieurs de leurs membres, de manière à ce que les avantages de la vie sociale se multiplient sans cesse au profit réel de tous et de chacun.

10. *Quel est particulièrement le devoir des dépositaires de l'autorité sociale ?*

Les dépositaires de l'autorité sociale, loin de l'exploiter à leur profit, doivent l'exercer avec désintéressement, intégrité et impartialité, rendant à chacun ce qui lui est dû, et se dépensant généreusement pour le bien général.

CHAPITRE II

Lois morales de la famille.

SOMMAIRE : 1. Définition de la famille; son étendue; — **2-3.** obligation de respecter le caractère sacré de la famille; — **4.** unité et indissolubilité du mariage chrétien; — **5.** affection sainte et fidèle que se doivent les époux; — **6-8.** leurs obligations envers leurs enfants; — **9.** parrains et marraines; — **10-12.** devoirs des enfants envers leurs

parents de différents degrés; — 13-14. affection mutuelle des enfants dans la famille ; — 15-17. relations et esprit de famille entre les chefs de famille et les serviteurs, ouvriers, employés ; — 18-19. notion catholique de l'école ; devoirs à y pratiquer.

1. **La famille** est une société composée des époux unis par le mariage et des enfants que leur donne la Providence divine. Cette société trouve souvent son complément dans l'**école** dont les maîtres secondent et remplacent même parfois les parents pour l'éducation de leurs enfants, et dans l'**association des ouvriers et des serviteurs** qui aident la famille tout entière à accomplir des entreprises auxquelles seule elle ne pourrait suffire. Aussi, en parlant des lois morales de la famille, devrons-nous dire comment elles s'appliquent aux relations des maîtres avec les élèves, et à celles des chefs de famille ou patrons avec les personnes de service ou de travail employées chez eux.

2. La première de toutes les lois morales relatives à la famille, la loi qui lui sert de base et de constitution fondamentale, est celle qui lui prescrit de se considérer comme une **société réellement sacrée.** Elle est bien telle, en effet; non seulement, ce que la saine raison proclame, parce qu'elle doit unir les âmes plus encore que les corps ; non seulement parce qu'elle a pour but de glorifier Dieu en lui formant des serviteurs et des adorateurs fidèles; non seulement parce qu'elle tire son origine, comme toute société régulière, de l'autorité divine, et qu'elle est soumise à ses commandements ; mais encore, ce que la révélation enseigne, parce qu'elle a été constituée par une intervention et une bénédiction

toutes spéciales de Dieu (1); parce qu'elle a toujours été le symbole de l'admirable union du Fils de Dieu avec la nature humaine dans l'Incarnation; et surtout parce que Notre Seigneur Jésus-Christ, le Verbe incarné, a élevé le mariage à la dignité de sacrement, en sorte que la famille chrétienne se trouve établie par un acte essentiellement religieux et sacré, source de sanctification pour les parents, source d'honneur et d'immortelles espérances pour les enfants et pour les nations catholiques elles-mêmes (2).

3. On voit par cela seul combien la morale évangélique ennoblit la famille et quels biens elle lui procure, en lui apprenant à respecter soigneusement son caractère sacré. On voit aussi par là combien est misérable la prétendue morale naturelle qui, de nos jours, veut méconnaître tout élément divin dans la famille et la rabaisser à une simple association légale et profane, uniquement basée sur un contrat civil passé devant le maire et enregistré par son secrétaire. On voit surtout combien est immorale cette doctrine, lorsque, déduisant logiquement toutes les conséquences de son principe, elle en vient à dire que la famille doit être supprimée comme la propriété et comme la société même. Si Dieu et l'Église n'y devaient porter remède, à quels hor-

(1) Dieu aurait pu laisser aux hommes l'institution et la réglementation du mariage. Il ne l'a pas voulu, et il a surnaturellement établi cette société de famille qui devait être tout ensemble naturelle et surnaturelle. On connaît le récit biblique de cette institution solennelle.

(2) Le contrat même par lequel les époux s'unissent indissolublement est devenu un sacrement de l'Église. Par conséquent, le mariage entre chrétiens est essentiellement sacré, ne pouvant relever de l'autorité civile que pour ses effets extérieurs et pareillement civils.

ribles excès n'en viendrait pas l'humanité aveuglée par ses faux docteurs?

4. La seconde loi morale de la famille est celle de **l'unité** et de **l'indissolubilité** du mariage : un seul époux, une seule épouse, unis pour toujours, — voilà ce que la philosophie ancienne a bien pu admirer et souhaiter comme un idéal de pureté et de bonheur domestique, mais ce qu'elle n'a jamais pu réaliser dans un peuple entier ; voilà ce que la philosophie moderne ne parviendrait pas davantage à sauvegarder contre les attaques de la polygamie et du divorce (1), si la morale chrétienne, plus parfaite en ceci que la morale judaïque elle-même, ne demeurait l'incorruptible gardienne de l'unité et de l'indissolubilité de la famille.

5. La troisième loi est celle de **l'affection sainte et fidèle des époux.** Ils ont, pour l'observer, quelques motifs tirés de la raison : la douceur, l'utilité, la nécessité même de cette affection. Mais ils ont plus et mieux du côté de la religion : ils ont la volonté de Dieu qui ordonne et récompense cette affectueuse fidélité, de même qu'il en punit rigoureusement la violation ; ils ont les exemples de tant de familles admirables, où la paix et la prospérité ont été les fruits éclatants de l'obéissance aux lois divines; ils ont surtout l'exemple de la très sainte famille de Nazareth, modèle incomparable et source inépuisable de béné-

---

(1) La polygamie, — de deux mots grecs qui signifient *plusieurs femmes*, — rompt l'unité de la famille en y introduisant la confusion de plusieurs épouses. Le divorce s'attaque à son indissolubilité, en rompant un mariage parfait, et en lui substituant de nouvelles unions qui ne sont, au jugement de la conscience chrétienne, que de scandaleux et criminels attentats.

dictions et de consolations pour toutes les familles qui invoquent son patronage ; ils ont enfin les secours de la doctrine chrétienne, le charme de la vertu surnaturelle, la grâce des sacrements et de la prière. Hors de l'Église catholique, la famille devient aisément un foyer de discorde et de scandale : sous l'égide de la croix et de la piété chrétienne, le foyer devient aisément aussi un sanctuaire de paix et de sainteté morale.

6. La quatrième loi de la famille règle les devoirs des **parents** envers leurs enfants. Formulée par la saine raison naturelle, voici cette loi : le père et la mère sont tenus de conserver et de développer la vie matérielle et la vie spirituelle de leurs enfants; et, pour cela, de les vêtir et de les nourrir, de les soigner et de les protéger, de leur procurer une éducation et une instruction convenables à leur situation, de les corriger des mauvaises habitudes qu'ils contractent, et de les diriger vers le bien par leurs conseils et leurs exemples.

7. Cette loi de la morale naturelle, si simple et si évidente, a-t-elle été fidèlement observée avant Jésus-Christ, et l'est-elle aujourd'hui par ceux qui ne connaissent ou n'admettent pas sa doctrine ? Hélas! mille fois non : dans le paganisme ancien ou moderne, les parents ne considèrent ordinairement leurs enfants que comme des jouets dont on s'amuse, s'ils sont aimables; comme des instruments dont on se sert, s'ils sont bons à quelque chose; comme des objets insupportables dont on se débarrasse, même par l'infanticide, quand ils sont gênants ou ennuyeux. La philosophie, si elle n'est chrétienne, ne peut rien

pour empêcher efficacement de pareils crimes, qui se sont vus et se voient fréquemment en dehors de Lacédémone et de la Chine (1). Il semble que la loi d'affection paternelle qui oblige les parents envers leurs enfants soit souvent, à leurs yeux, un prétexte pour se dispenser de la loi générale de charité et de justice, qu'ils devraient au moins autant observer à leur égard qu'à l'égard des autres hommes.

8. Mille fois plus douce et plus puissante est ici la morale catholique! Elle dit au père et à la mère : « Votre enfant n'est pas seulement à vous : il est aussi et principalement à Dieu ; il est son fils adoptif, son héritier bien-aimé, le frère de Jésus-Christ dont le sang l'a racheté et consacré. Au sortir du saint baptême et de la sainte table, ne le recevez-vous pas des mains de Dieu même, comme un objet devenu infiniment plus aimable et plus précieux? La vie de la grâce dont il est animé, la candeur et la pureté de son cœur, les vertus chrétiennes qu'il apprend à pratiquer au pied des autels, ne sont-elles pas le meilleur trésor que vous puissiez lui léguer? Faites-le donc vivre pour Dieu et pour l'Église catholique, et sa vie sera le plus ferme appui et la plus douce consolation de la vôtre. Enfin, soyez **des parents chrétiens pour un enfant chrétien!** »

9. Il est une parenté, particulière au catho-

___

(1) Oui, ce crime abominable du paganisme, ce massacre d'êtres innocents par leurs horribles parents, se multiplie dans les nations les plus civilisées, à mesure qu'on y voit diminuer l'obéissance aux saintes lois de la morale catholique. Par un effroyable retour, le parricide, ou le massacre des parents par leurs enfants dénaturés, augmente dans une proportion moins grande sans doute, mais non moins humiliante pour la morale laïque.

licisme, dont nous devons dire un mot parce qu'elle est très noble et très belle, qu'elle peut rendre de grands services à la famille et à la société, et qu'elle est un peu trop oubliée de nos jours. C'est la **paternité** et la **maternité spirituelles** résultant du baptême et de la confirmation. L'Église veut, en effet, que les enfants soient présentés à ces deux sacrements par des parrains ou marraines, pères et mères adoptifs (1), qui répondent pour eux et qui répondent d'eux, s'engageant à seconder, pour leur salut, les soins de leurs parents selon la chair et de la sainte Église qui les enfante selon l'esprit. Que cette adoption des âmes est chose sublime et touchante! Que l'exercice de cette paternité et de cette maternité intimes, en vue de l'éternité et du ciel, peut faire de bien au père et au fils adoptifs, à la mère et à la fille adoptives!

10. A cette loi de l'affection paternelle correspond la cinquième loi morale de la famille, la loi de l'**affection filiale**. Naturellement parlant, les enfants doivent à leur père et à leur mère un respect grave et sincère, une reconnaissance profonde, un vif amour, une obéissance prompte et généreuse à leurs ordres légitimes, des soins et des secours dans la maladie, la vieillesse et l'indigence. Dans une certaine mesure qu'il sera facile de déterminer en chaque cas particulier, ils ont les mêmes devoirs à remplir envers leurs grands-parents, et même envers leurs oncles et tantes, surtout s'ils les voient malheureux et délaissés après avoir reçu d'eux, dans

(1) Les mots de *parrain* et de *marraine*, sont, comme celui de *patron*, dérivés du latin *pater, mater*, père, mère.

leur enfance, des bienfaits et des témoignages de dévouement spécial.

11. Rien de plus clair et de plus essentiellement vrai. Et toutefois, pour que ces devoirs fussent entièrement et consciencieusement accomplis ; pour que les fils, en grandissant et en s'enorgueillissant dans le monde, ne rejetassent pas leurs pères vieillis, malades et appauvris ; pour que les filles, éblouies par l'éclat des vanités et fascinées par des louanges mensongères, n'en vinssent pas à oublier et à mépriser leurs mères : il a fallu que la religion menaçât de malheurs temporels et surtout de la mort éternelle les enfants ingrats et dénaturés (1). Il a fallu que Dieu mît sur le front des parents un reflet de sa puissance et de son autorité, et sur le front des enfants le sceau de l'humilité chrétienne. Il a fallu qu'il mît dans le cœur des uns quelque chose de son infinie bonté paternelle, et dans le cœur des autres quelque chose de la bonté du cœur adorable de son divin Fils. Et pour que cette affection réciproque des parents et des enfants chrétiens fût inviolable et indestructible, il a fallu qu'il se proposât lui-même à tous comme le suprême objet de leur culte et de leur amour, — apprenant au père et à la mère à lui sacrifier, quand il le voudrait, leur fils le plus aimé, leur fille la plus tendrement chérie ; — et apprenant au fils et à la fille à lui sacrifier, pour le suivre et l'aimer par dessus tout, leur père, leur mère, leur famille tout entière.

(1) Cette menace, portée dans le quatrième article du décalogue, se vérifie chaque jour sous nos yeux, d'une façon éclatante, quant à sa partie temporelle. Quant à l'autre partie, nul doute malheureusement qu'elle ne se vérifie plus fréquemment et plus terriblement encore dans l'éternité.

Car c'est par le sacrifice et non par la jouissance, c'est par l'héroïsme et non par l'égoïsme, que se conservent et s'alimentent les affections les plus hautes et les plus pures (1).

12. L'affection filiale prescrite par la morale chrétienne s'étend aux parrains et marraines du baptême et de la confirmation. La charité catholique a si bien dilaté les âmes des enfants qu'elles peuvent, sans frustrer leurs parents selon la chair et le sang, faire encore une large place à la reconnaissance et à l'affection pour leurs parents selon la foi.

13. Le complément naturel de la loi d'affection filiale est la loi d'**affection fraternelle**, sixième loi morale de la famille. Elle ordonne, en vertu de la raison et du simple bon sens, que, nés d'un même sang, élevés au même foyer, soumis à la même autorité paternelle, embrassés dans un même amour maternel, les frères et sœurs se respectent et s'aiment entre eux, se donnent mutuellement aide et conseil, protection et bon exemple, — les aînés secourant les plus jeunes et les orphelins, et ceux-ci leur témoignant une sincère et fidèle reconnaissance. Cette loi s'étend même, dans une certaine proportion, aux cousins, aux alliés et autres membres de la famille, maintenant ainsi l'unité de ces groupes sociaux dont la solidité est si importante pour la stabilité de la nation tout entière (2).

(1) A ce point de vue, comme à bien d'autres, les vocations religieuses et sacerdotales exercent dans le monde une influence sociale très bienfaisante.

(2) Si la société peut beaucoup pour améliorer la famille et celle-ci pour améliorer l'individu, il n'est pas douteux que la bonté morale des individus ne contribue amplement à celle des familles, et la bonté morale des familles à celle des sociétés.

14. En vertu des principes catholiques de justice et de charité que nous avons précédemment étudiés, les relations fraternelles acquerront, entre enfants ou jeunes gens des familles chrétiennes, un nouveau degré de force et d'intimité, de familiarité respectueuse, de cordialité simple et aimable. Se savoir consacrés au même Dieu, sauvés par le même Rédempteur, nourris du même pain angélique et abreuvés à la même coupe divine; vivre sous le même regard de la science infinie, sous le même gouvernement de l'adorable Providence; tendre au même royaume céleste à la suite d'un père et d'une mère dont les exemples sont pleins de sainteté et les conseils pleins de sagesse : quelles raisons de s'entr'aimer et de s'entr'aider! Quelles facilités pour conserver la paix et la concorde; pour pratiquer l'abnégation et le désintéressement, principalement quand surgissent ces misérables questions d'intérêt qui divisent tant de familles; pour éviter scrupuleusement toute jalousie et toute querelle, toute mauvaise conversation et tout scandale, si léger qu'il soit, dans le sanctuaire béni de la maison paternelle! Mais que devient ce sanctuaire, que deviennent ces rapports si doux entre frères et sœurs, quand Jésus-Christ et sa loi sainte en sont bannis? Inutile de répondre à cette question : l'histoire des crimes et des hontes de l'humanité y répond assez.

15. A l'égard des serviteurs, des ouvriers, des employés de sa maison, le chef de famille est en quelque sorte un **père**; le nom de **patron** n'a pas d'autre signification, et il est plus juste, plus touchant aussi, que celui de **maître**. La philosophie ancienne

l'avait à peine soupçonné ; et jusqu'à l'apparition de l'Évangile, malgré les conseils de douceur et les modèles de bonté dont l'Ancien Testament abonde, le genre humain était en majorité courbé et foulé sous le joug de l'esclavage ; et les philosophes les plus illustres y applaudissaient, ne sachant pas qu'au regard de Dieu le serviteur doit être le compagnon, le collaborateur, le protégé et l'adopté, de celui qui l'emploie, — et jamais sa victime, sa bête de somme ou son misérable esclave.

16. Il peut y avoir différents degrés de liberté dans les rapports de l'ouvrier et du patron, et différents systèmes d'association entre le serviteur et son maître. Mais l'Église catholique a toujours exigé et elle exigera toujours que le sentiment de la liberté chrétienne, de l'égalité des âmes devant Dieu, de la fraternité des âmes rachetées par le même sang libérateur, inspire toutes les relations de supérieur à inférieur, de chef à subordonné, de maître et de patron à serviteur et ouvrier (1). Elle veut, conformément à la tradition des âges chrétiens, que la famille s'agrandisse par l'adjonction de ceux qui travaillent pour elle ; et que l'**esprit de famille** règne partout, dans les associations agricoles et dans l'industrie, dans les exploitations foncières et dans le négoce, comme il règne à l'église, au pied de la chaire et en face de l'autel.

(1) C'est ainsi qu'elle a entendu, dès l'origine, l'esclavage lui-même, préparant par cette manière de l'entendre son abolition successive et complète. Qu'on lise, par exemple, l'admirable *Epître de saint Paul à Philémon*, et l'on y verra en germe la transformation, puis la suppression totale de l'esclavage et du servage.

17. Par conséquent, tandis que la politique moderne et la morale indépendante divisent la société en deux parts, et créent des inimitiés terribles entre ceux qui travaillent et ceux qui font travailler, la morale catholique leur dit : « Aimez-vous, respectez-vous, unissez-vous par les liens de l'équité et de la charité, de l'estime et de la reconnaissance mutuelles. Soyez bons et justes les uns envers les autres : chacun d'entre vous est en quelque manière le débiteur et l'obligé de son prochain ; qu'il s'en souvienne. Tous vous avez votre valeur individuelle ; tous vous avez le même Dieu, la même origine, la même nature, la même fin, le même baptême, la même foi et les mêmes espérances : unissez-vous donc et ne formez plus qu'une famille au pied de la Croix de votre frère aîné, de votre commun Rédempteur, Jésus-Christ! Ne déchirez pas la famille, la société, dont vous êtes les membres, par vos divisions d'inférieurs à supérieurs ou d'égaux à égaux. Ne voyez-vous pas que l'unité dans la justice et dans la charité, la paix dans l'honneur et dans la vérité, sont les conditions essentielles de tout bonheur et de toute prospérité? »

18. La famille trouve un autre complément, non moins important et non moins nécessaire, dans les **écoles** de toute nature et de tout degré, — écoles et asiles des petits enfants, collèges et pensionnats des adolescents, instituts d'enseignement supérieur pour les jeunes gens et les jeunes hommes. Si l'école n'était qu'une sorte de maison de commerce où l'on échangerait son argent et son temps contre une science plus ou moins développée; si l'école n'était qu'une sorte de

caserne ou de manège où l'on recevrait d'un gouvernement quelconque une instruction plus ou moins
utile : les devoirs du maître et de l'élève se réduiraient
certainement à peu de chose. Mais encore la raison
la plus élémentaire imposerait-elle, à celui-là, l'obligation de bien savoir ce qu'il enseigne, et de l'enseigner avec soin ; à celui-ci, l'obligation d'écouter
avec déférence et d'étudier avec courage ; à tous les
deux, d'entretenir des rapports de courtoisie et de
politesse, d'affection et de reconnaissance.

19. Mais pour nous, chrétiens, nous voyons dans
l'école tout autre chose qu'un établissement où la
science se distribue comme un objet de trafic ou
comme une denrée officielle. Nous y voyons la majesté
sacrée du père et de la mère de famille, se reflétant
sur le front des maîtres, et leur donnant le droit, leur
imposant le devoir, de bien élever en même temps
que de bien instruire leurs élèves. Nous y voyons la
majesté plus sainte et plus haute encore de l'Église
catholique à laquelle appartiennent ces enfants, et qui
confie, aux instituteurs et aux institutrices, une part
de son autorité divine et de sa sollicitude maternelle
à l'égard de ces jeunes âmes. Nous y voyons surtout la
majesté infinie et la toute-puissance de Jésus-Christ,
du Fils éternel de Dieu, de l'adorable Crucifié, dont
la parole infaillible illumine tout homme venant en
ce monde, et dont la charité embrasse toutes les faiblesses et toutes les indigences pour les relever et les
enrichir. C'est lui qui donne à nos maîtres cette autorité douce et ferme, cette abnégation et cette patience,
cette pure et forte tendresse, qui sont leurs premiers
devoirs et les premiers moyens d'une instruction

et d'une éducation fécondes. C'est lui, l'incomparable ami des petits enfants, le petit enfant de Bethléem et le jeune ouvrier de Nazareth, — c'est lui qui donne à l'enfance et à la jeunesse chrétiennes le respect et l'amour des maîtres, le désir de la perfection et de la bonté morales, le goût de la science qui est un des grands bienfaits de la Providence et l'un des plus précieux trésors de l'héritage paternel. C'est lui, le divin Maître, qui dompte efficacement la paresse, en montrant à la conscience qui veut bien l'entendre tout ce qu'un tel vice renferme d'ingratitude et d'injustice à l'égard des parents, de honte et de déshonneur pour l'enfance et la jeunesse, de dangers et d'impuissances pour l'âge mûr et la vieillesse. C'est lui qui inspire aux esprits les plus rebelles la sagesse de goûter les conseils et les réprimandes comme des marques du plus paternel dévouement, et qui donne l'humilité de s'y soumettre avec promptitude et sans murmures. C'est lui, enfin, et lui seul, par sa lumière et sa grâce, qui peut faire régner dans l'école, non pas une camaraderie vulgaire et aboutissant très souvent à de dangereuses liaisons et à de mauvaises cabales, — mais une bonne et fraternelle amitié fondée sur l'estime et entraînant les cœurs à la pratique de la vertu; non pas un esprit de vile flatterie, de lâcheté et d'hypocrisie, de délation et de dénonciation haineuses, — mais d'une franche et loyale conduite, faite de zèle et de docilité, de bonne tenue et de travail sérieux, de patience et de générosité (1).

(1) Nous recommandons à nos jeunes lecteurs de méditer attentivement tous les mots de ce n° 19 où nous avons dessiné à grands traits le tableau si aimable de l'école catholique.

RÉSUMÉ DU DEUXIÈME CHAPITRE

1. Qu'est-ce que la famille?

La famille est une société composée des époux unis par le mariage et des enfants que leur donne la divine Providence.

2. Quelle est la loi fondamentale de la famille?

La loi fondamentale de la famille est celle qui lui prescrit de se considérer comme une société réellement sacrée.

3. Pourquoi la famille est-elle une société réellement sacrée?

Parce qu'elle a Dieu lui-même pour auteur et législateur, et parce que le mariage chrétien est un des sept sacrements institués par Notre Seigneur Jésus-Christ.

4. Quelle est la deuxième loi de la famille?

La deuxième loi de la famille est celle de l'unité et de l'indissolubilité du mariage, qui n'admet qu'un seul époux et une seule épouse unis pour toujours.

5. Que prescrit la troisième loi de la famille?

Elle prescrit aux époux une affection mutuelle, toujours sainte et toujours fidèle.

6. Qu'est-ce que les parents doivent à leurs enfants?

Les parents doivent à leurs enfants de les traiter, suivant les lumières de la raison et de la foi, comme un dépôt aimé et sacré dont ils devront à Dieu un compte rigoureux.

7. Qu'est-ce que la paternité et la maternité spirituelles résultant des sacrements de baptême et de confirmation?

C'est une adoption sainte destinée à seconder, en vue du salut éternel des enfants, les soins de leurs parents selon la chair et de l'Église elle-même.

8. Quel est le principal devoir des enfants à l'égard de leurs parents?

Le principal devoir des enfants à l'égard de leurs parents, celui qui inspire et qui renferme même tous les autres, c'est le devoir de l'affection filiale.

9. Quelle est la grande et nécessaire sauvegarde de l'affection mutuelle des parents et des enfants ?

Cette grande et nécessaire sauvegarde, sans laquelle l'affection réciproque des parents et des enfants serait par trop incomplète et par trop fragile, c'est leur mutuel amour en Dieu et pour Dieu, c'est leur commun amour de Dieu par dessus toutes choses.

10. Qu'est-ce que se doivent entre eux les enfants d'une même famille ?

Ils se doivent, comme hommes raisonnables et comme chrétiens, une affection fraternelle, respectueuse, dévouée, efficace.

11. Quelle est la doctrine de l'Église touchant les rapports des maîtres avec leurs serviteurs ou employés ?

L'Église enseigne aux maîtres qu'ils doivent être des pères plutôt que des dominateurs à l'égard de leurs inférieurs ; aux inférieurs qu'ils doivent servir leurs supérieurs avec conscience, respect et affection ; aux uns et aux autres qu'ils doivent se considérer comme les membres d'une même famille dont Dieu est le Père, et Jésus-Christ le premier né.

12. Comment les catholiques doivent-ils envisager leurs écoles ?

Comme des compléments de la famille, où les maîtres doivent être fermes et tendres comme les parents, et où les élèves doivent être soumis et affectueux comme les enfants.

13. Quel est donc, pour les maîtres et pour les élèves catholiques, le premier modèle à imiter et la première science à étudier ?

C'est Notre Seigneur Jésus-Christ et sa sainte religion.

CHAPITRE III

Lois morales de la patrie.

SOMMAIRE . 1. Qu'est-ce que la patrie ? — 2-3. la France chrétienne ; — 4. enseignement de la raison et de la foi touchant la patrie ; — 5. éducation vraiment française et nationale, c'est-à-dire catholique ; en bien profiter ; — 6-8. dangers que la révolution fait courir à la France ; s'y opposer ; — 9-12. en quel sens il faut entendre la volonté nationale et le suffrage universel ; — 13-18. véritable signification et légitime étendue des libertés modernes ; — 19-23. égalité et inégalités ; — 24-25. fraternité et charité ; — 26. participation aux élections ; — 27. obéissance aux lois justes de l'État ; — 28. l'impôt ; — 29-30. le service militaire ; — 31. espoir.

1. Le nom seul de **patrie** a le don de remuer tous les cœurs, et de faire tressaillir l'âme jusque dans ses fibres les plus profondes. C'est qu'il vient du mot latin qui signifie **père**, et qu'il nous rappelle tout ce que nos aïeux ont fait d'héroïques efforts pour nous léguer le sol que nos mains cultivent et défendent, les traditions sacrées dont nous vivons, la gloire dont l'éclat illumine toutes les pages de notre histoire, nous donnant espoir et consolation jusque dans nos heures les plus sombres et dans nos tristesses les plus amères.

2. Et quand ce nom de **patrie** est synonyme de celui de **France**, quelle douceur et quel charme n'y a-t-il pas à le redire ! Ceux-là seuls le savent bien qui ont connu l'éloignement ou l'exil, et qui ont su *combien est dur à gravir*, suivant la belle parole d'un poète, d'un illustre banni (1), *l'escalier de l'étranger*.

(1) **Dante Alighieri**, le grand poète catholique de Florence au xıvᵉ siècle.

3. La France, en effet, est vraiment pour nous le berceau gracieux, le doux nid de l'enfance, la maison paternelle où l'on a été nourri de chevaleresques et chrétiennes pensées, la grande école où se forment les âmes droites et loyales, où l'on enseigne et où l'on apprend le fier langage du droit, la noble fermeté d'une vie sans peur et sans reproche. Car la France, pour nous comme pour le monde entier, n'est pas la France de la révolution, de la Terreur ou de l'erreur : mais bien la France de Clovis et de saint Remi, de Charlemagne et de saint Louis, de saint Vincent de Paul et de Bossuet, des croisades et des œuvres catholiques, — et pour tout dire en deux mots, la France de Jésus-Christ, la fille aînée de l'Eglise romaine. Elle a été si providentiellement formée pour le service de la vérité et de la justice, si visiblement dotée de tous les avantages matériels et spirituels qui font les peuples privilégiés, qu'il est impossible de ne pas se glorifier d'être au nombre de ses fils, et d'être appelé à lui rendre bientôt ce que de passagères erreurs, de soudains désastres, lui ont fait perdre de sa gloire et de sa prospérité séculaires (1).

4. Les seuls principes de la morale naturelle suffiraient à nous imposer, comme un devoir strict de reconnaissance et de justice, l'obligation d'aimer et de

---

(1) Le patriotisme chrétien, dont nous exprimons ici les sentiments, n'a rien de commun avec cette doctrine étroite qu'on a appelée du nom de *chauvinisme*, — probablement à cause de quelque ridicule personnage de théâtre, — et qui ne voit rien, ne connaît rien, n'estime et n'aime rien en dehors de la France, lui préparant de terribles désastres par cet enthousiasme aveugle qui attribue toutes les vertus et aucun défaut à son idole.

servir une telle patrie. Ils suffiraient à flétrir, comme il convient, ce cosmopolitisme sans raison et sans cœur (1), qui prétend tout immoler à son aveugle et criminelle passion de révolution universelle. Mais quelle forte et haute consécration ne reçoivent-ils pas de la morale surnaturelle, qui nous fait voir la main sacrée de la Providence dans l'établissement des frontières et dans le gouvernement des nations ; l'approbation et la récompense divinement accordées aux sentiments et aux actes d'un juste patriotisme ; au contraire, la réprobation divinement portée contre les lâches et les traîtres ; enfin, les larmes et les plaintes du Rédempteur lui-même sur la patrie terrestre où il avait daigné choisir son berceau, et dont il avait si souvent tenté de réunir les fils autour de lui, comme la poule ses poussins (2) !

5. Or le premier devoir pratique que l'amour de la France dicte à tous ses enfants, dès qu'ils sont capables de connaître cette chère et catholique patrie, c'est de se préparer à la bien servir en se soumettant de tout cœur à la loi nécessaire d'une **éducation vraiment nationale**. Et au sein d'une nation essentiellement chrétienne, faite par les évêques comme la ruche par les abeilles, née d'un vœu sacré sur le champ de bataille de Tolbiac, sortie toute armée et toute triomphante du baptistère de

(1) Ainsi appelé des deux mots grecs *cosmos*, monde, et *polis*, ville, le cosmopolitisme ne veut plus aucune distinction de frontières entre les nations, et il les efface toutes au profit de son rêve de république universelle.

(2) L'histoire sainte et la vie de Notre Seigneur Jésus-Christ abondent en faits et en témoignages célèbres sur toute cette question du patriotisme. Inutile de les rappeler en détail.

Reims, — quelle éducation pourra vraiment être nationale sinon l'éducation chrétienne, — l'éducation de l'école catholique avec le crucifix au-dessus de la chaire du maître, la croix en tête de l'alphabet, et la foi du catéchisme dans tous les cœurs? Soyez donc vraiment chrétiens et catholiques, ô chers élèves de nos écoles, et vous serez de véritables jeunes Français; vous serez les vrais enfants de la France, ses plus précieux joyaux, le meilleur espoir de son avenir.

6. Le second devoir pratique à remplir envers notre patrie est de la **défendre**, dès que nous le pouvons et partout où nous le pouvons, contre les dangers mortels que lui fait courir la **révolution** (1). La révolution, comme doctrine, est la négation de l'autorité de Dieu et par conséquent de toute autorité véritable dans le monde (2); comme fait, c'est la destruction audacieusement entreprise et obstinément poursuivie de tout ce qui possède, soutient, reconnaît, cette autorité divine ou émanée de Dieu. Pour réussir particulièrement en France, la révolution veut nous persuader qu'il n'y a plus parmi nous d'autre puissance que l'autorité de tous, que la souveraineté nationale; qu'il n'y a rien au-dessus des citoyens; que l'Etat, le gouvernement, l'autorité sociale, n'est pas autre chose qu'une émanation de leur volonté; que le suffrage universel, ou simplement la majorité des voix dans les élections et les votes, suffisent

(1) Le sens du mot révolution, du latin *revolvere, retourner*, est ici celui de bouleversement, de retournement complet.

(2) Voir Iʳᵉ partie, ch. II, nᵒˢ 11 à 12, 22 et 33 à 36; et IIIᵉ partie, ch. I, nᵒˢ 2 à 5.

à créer tout ce qu'il faut de pouvoir et de lois
pour la vie et la prospérité d'un peuple ; que la
liberté, enfin, est absolue, l'égalité complète, et la
fraternité parfaite, dans une nation régie d'après
ce système.

7. Or, de telles théories ne peuvent manquer
d'ébranler en peu d'années la plus solide de toutes
les sociétés, la plus florissante de toutes les patries.
Car, nous l'avons montré, sans Dieu l'autorité est un
vain mot ; sans Dieu l'obéissance est une chimère ; et
sans autorité ni obéissance, une société n'est qu'une
maison qui tombe en ruines (1).

8. Il est donc indispensable que nous rétablissions
les vrais principes faussés par la révolution ; et que
nous l'empêchions d'abuser de ce qui existe encore
parmi nous, pour achever de détruire l'édifice majestueux et magnifique construit par quinze siècles de
sagesse, d'énergie et de patience.

9. La forme républicaine d'un gouvernement le fait
assurément dépendre de la **volonté nationale** manifestée par les **élections**, c'est-à-dire par les décisions
du suffrage populaire. Il est certain qu'un président
de la république est élu pour plus ou moins de temps
par des représentants, — sénateurs ou députés, — élus
eux-mêmes pour plus ou moins de temps par les
citoyens à la pluralité des voix. Il est certain que
les ministres de ce président et les fonctionnaires
qu'ils nomment relèvent, eux aussi, plus ou moins
directement, des suffrages et de la volonté des électeurs. Mais ce serait une erreur fort pernicieuse

(1) Relire les passages indiqués dans la note précédente, et
Ire partie, ch. II, nos 13 à 21.

d'en conclure que ces chefs, ces magistrats, ces fonctionnaires de diverses catégories et de divers degrés, n'ont réellement pas d'autorité plus grande que les citoyens qui les ont nommés; ou bien que leur autorité procède uniquement du suffrage plus ou moins universel; et que la nation n'est obligée de la respecter que si elle le veut bien et pour le temps qu'il lui plaira, pouvant à chaque instant défaire légitimement par son caprice ce qu'elle a auparavant institué par son bon plaisir. De telles doctrines sont, au jugement de la simple morale naturelle, la négation formelle du principe d'autorité sans lequel nulle société ne peut subsister (1).

10. Mais parce que la morale naturelle, toujours prête à vaciller et à capituler devant les passions humaines, ne défendait plus que faiblement ce principe fondamental, — la morale chrétienne, parlant avec une majesté et une clarté souveraines par la bouche des trois derniers Pontifes romains, Grégoire XVI, Pie IX et Léon XIII, a plusieurs fois rappelé aux hommes de ce temps que l'autorité légitime, quelle qu'elle soit, vient toujours de Dieu; qu'elle s'impose à un peuple ou à une famille en vertu de cette origine sacrée, non en vertu de la faveur de ceux qui doivent lui obéir; que les votes populaires, les élections, le suffrage universel, les plébiscites, peuvent bien servir à désigner les personnes qui seront revêtues de la puissance publique et à déterminer les conditions accessoires de temps, de forme, d'exercice, qu'elles auront à observer dans son usage; mais que ces votes, ces élections, ces plébiscites ne sauraient

(1) Voyez ci-dessus, IIIe partie, ch. I, n° 5.

ni créer la puissance elle-même, ni, par conséquent, la réduire à une simple délégation donnée par des supérieurs à leurs inférieurs (1); que le nombre, à lui seul, n'est pas plus apte que la force à conférer une autorité légitime ; et enfin que l'autorité, une fois établie régulièrement, a le droit de lier les consciences et d'être consciencieusement obéie quand elle prescrit des actes légitimes, sans que le dégoût du peuple pour ses préférés d'hier puisse être un motif suffisant de se révolter contre eux.

11. Si les suffrages et la volonté d'un peuple ne suffisent pas à constituer, **en dehors de Dieu,** un pouvoir légitime et une autorité réelle, — à plus forte raison ne peuvent-ils pas en constituer **contre Dieu ;** et ce serait une injuste et insupportable tyrannie que de prétendre contraindre des consciences chrétiennes, au nom de la majorité des voix, au nom du suffrage universel, à reconnaître des puissances usurpées et à se soumettre à des commandements iniques, opposés à la loi naturelle ou à la loi révélée. Car, tout pouvoir venant de Dieu, aucun ne peut aller contre Dieu ; et s'il s'en trouvait un qui prescrivît de désobéir à Dieu, il ne serait plus en cela un légitime et véritable pouvoir, mais une criminelle usurpation à laquelle on ne devrait pas plus se soumettre qu'à la force brutale prescrivant d'offenser Dieu et sa loi (2).

(1) Le délégué est subordonné à celui qui le délègue et qui, par conséquent, peut toujours reprendre lui-même l'exercice de son pouvoir en révoquant son mandat. Or, dans de telles conditions, que peut devenir un peuple, sinon, comme les républiques espagnoles du Nouveau Monde, le misérable jouet des passions et des intrigues les plus honteuses ?

(2) Depuis dix-neuf siècles, les catholiques répètent en ce cas

12. La formule si souvent répétée aujourd'hui de **souveraineté nationale** ne signifie donc pas, comme le voudrait la révolution, que toute autorité vient uniquement de la nation comme de sa source ; et que la nation a sur toutes les volontés, sur toutes les consciences, une absolue souveraineté.

13. Dévoilons pareillement l'abus très dangereux que le même esprit révolutionnaire fait d'une autre formule très connue en France : **liberté, égalité, fraternité.**

14. Il est vrai, l'homme est **libre,** mais non indépendant de toute loi et de toute autorité. L'indépendance absolue est le privilège de Dieu seul. La raison et surtout la foi nous disent que nous dépendons de lui et des supérieurs qu'il nous a donnés. Nous pouvons malheureusement lui désobéir ainsi qu'à eux ; mais sa justice et sa vengeance sont là pour nous réduire de force à notre véritable condition de dépendance et d'infériorité, si nous n'y rentrons de bon gré par le repentir et l'expiation (1).

15. Le droit français nous dit : « Vous avez la **liberté individuelle ;** votre personne est inviolable ; votre propriété ne peut vous être enlevée ; votre domicile ne peut être envahi par autrui. » Mais en même temps il nous dit, d'accord en cela avec la morale sociale la plus élémentaire : « Votre liberté personnelle est limitée par celle des autres et par le bien général ; vous ne pouvez pas faire tout ce qu'il vous

la parole de leurs apôtres : « *non possumus !* nous ne pouvons pas ! » Et cette parole demeure victorieuse de toutes les persécutions et de tous les assauts.

(1) Revoir Ire partie, ch. II, n°s 1-2.

plaît, mais seulement ce que vous avez le droit de faire. Si inviolable que soit votre personne , on vous contraindra bien souvent, par la force même, à aller où vous ne voulez pas, à la caserne, par exemple, ou à l'hôpital et jusqu'en prison, si vous êtes volontairement ou involontairement un danger pour les autres. Votre domicile et votre propriété sont inviolables aussi; et pourtant le bien public vous fera quelquefois exproprier. Pour la même raison, l'on forcera votre porte et l'on établira chez vous un logement militaire ou une ambulance. Les lois vous frapperont de rudes amendes en certains cas, et diminueront de la sorte vos capitaux et vos revenus. » Et la morale chrétienne, confirmant ces décisions de la morale naturelle, nous rappelle, avec une autorité mille fois plus haute et plus certaine, que l'intérêt privé doit être sacrifié à l'intérêt général quand ils sont en conflit; que notre liberté d'agir et d'user de nos biens extérieurs est soumise à autant de restrictions qu'il y a de lois justes émanées de la puissance divine ou de la puissance humaine ; que la **déclaration des droits de l'homme** et les **principes de 1789** (1) ont bien pu omettre le nom de Dieu et passer sous silence le souverain domaine qui lui appartient sur toute volonté créée; mais qu'ils n'ont pu en diminuer aucunement l'étendue et l'imprescriptible valeur, — de sorte que ce mot fasci-

(1) L'histoire de la révolution française ne rapporte pas seulement ces documents fameux; elle en rapporte aussi le commentaire honteux et sanglant : les guerres, les massacres, les infamies, les corruptions de toutes sortes. Hélas! ce commentaire n'est pas clos; et nous en avons vu nous-mêmes de bien tristes pages.

nateur de **liberté** ne doit jamais nous faire tomber dans les erreurs et dans les pièges de la révolution.

16. Le droit français parle encore de **liberté de conscience**, de **liberté de travail**, de **liberté de réunion et d'association**. Mais il se hâte lui-même de constater que ces libertés ont des limites nécessaires, en dehors desquelles on entrerait dans la licence la plus effrénée et la plus dangereuse. Car le bon sens suffit à montrer que l'immoralité de certaines consciences, de certaines paroles et de certaines publications, ne saurait s'étaler au grand jour; que le travail, les réunions, les associations, ne peuvent avoir pour but le renversement de la société ou la destruction de la vie et des biens de chaque citoyen; que les gouvernements sont par conséquent autorisés à réprimer toutes ces libertés, quand elles deviennent abusives et nuisibles. Et la morale chrétienne ajoute aussitôt que la **conscience** humaine n'est réellement pas libre devant Dieu de penser et de croire, d'aimer et de haïr, ce qu'elle veut et comme elle le veut; que le bien et le vrai seuls peuvent être approuvés et autorisés dans une société bien réglée; que le mal et l'erreur peuvent y être tolérés en certaines rencontres, mais sans que cette tolérance devienne un encouragement et une facilité pour leur propagation; que la liberté de conscience accordée à des sectes nouvelles et dangereuses ne devrait jamais tourner au détriment de la liberté des consciences demeurées fidèles aux saines et antiques traditions; et que, par exemple, la tolérance concédée à la franc-maçonnerie ne saurait, sans une injustice et une

contradiction flagrantes, nuire à la liberté séculaire de l'Eglise catholique (1).

17. La morale chrétienne fait encore de sages réserves à l'endroit de cette liberté du **travail** qu'on a trop vantée, et qui, en isolant les ouvriers, en les opposant entre eux et à leurs patrons, les a livrés sans défense à des forces redoutables pour leurs intérêts matériels, à des influences néfastes pour leurs âmes. N'aurait-il pas fallu bien plutôt les associer par la foi dans les liens de la charité catholique, pour la sainteté des mœurs, et pour la réalisation de ces nobles et si douces espérances qui font de la souffrance un mérite, du travail un devoir, de l'atelier un séjour de paix et de bonheur?

18. Quant à la liberté de **réunion** et d'**association**, la morale chrétienne est la première à en proclamer l'utilité quand l'usage qu'on en fait est réglé par des lois intelligentes et prudentes, quand la science humaine ou divine, quand la perfection des âmes, quand le bien des familles et des peuples, y trouvent réellement leur compte (2). Mais elle exige que cette liberté s'exerce au grand jour, non point dans l'ombre et le mystère; que les sociétés secrètes soient proscrites par le pouvoir et justement détestées par les citoyens; que la réunion et l'association des éléments

(1) Pour nier une seule de ces affirmations de la morale catholique, il faut vraiment avoir perdu le bon sens, le sens chrétien, les plus élémentaires. Et beaucoup de nos contemporains ne se bornent pas à en nier une; ils les nient toutes. Qu'on juge par là de l'état actuel de la raison en Europe, après tant de laïcisations qui devaient illuminer enfin le monde entier!

(2) La liberté des associations et congrégations religieuses ne devrait-elle pas être, d'après ces incontestables principes, la plus respectée et la plus favorisée de toutes ?

dangereux pour l'Etat comme pour la religion ne puissent jamais être autorisées; et qu'ici encore la liberté ne devienne ni un prétexte ni un instrument de révolution.

19. **L'égalité,** autre mot magique et trompeur. Parce qu'il est écrit en mille endroits de notre histoire depuis la révolution française, beaucoup s'imaginent qu'en effet nous sommes tous égaux en droit ; et que les inégalités de fortune, d'influence et de pouvoir, qui subsistent en fait, sont condamnées par la véritable morale sociale et destinées à disparaître prochainement. Disons nettement ce qu'il en faut penser pour être un homme de bon sens et surtout un chrétien.

20. Non, l'égalité absolue n'existe pas, et elle ne peut exister dans aucune société au monde. Que tous les Français soient égaux devant des lois faites pour tous, et que nul ne puisse se targuer du privilège de s'y soustraire, rien de mieux, rien de plus juste, rien de plus conforme aux principes catholiques. Mais que l'égalité supprime aussi les différents degrés de la hiérarchie sociale, c'est une absurdité, et ce serait la ruine immédiate d'une nation. Il faut des chefs dans l'ordre administratif comme dans l'armée; il faut des juges comme des préfets, des maires comme des ingénieurs, sans quoi la vie sociale est soudain paralysée et la mort survient (1).

21. Non moins absurde est la prétention de supprimer toutes les inégalités d'influence et de fortune; car ces inégalités tiennent à l'inégalité des intelligences, des caractères, des forces morales ou physiques, des

____

(1) Relire Ire partie, ch. II, n°s 2 et 13.

dispositions et des aptitudes, et de mille circonstances extérieures qui se mêlent sans cesse à la trame de chaque vie humaine. Or, cette inégalité naturelle, cette infériorité native des uns, cette supériorité souvent involontaire des autres, qui la fera disparaître en établissant sur la face de la terre tout entière le niveau d'une parfaite et durable égalité? Personne. Le genre humain est fait de différences et d'inégalités, comme le globe terrestre de montagnes, de plaines et de vallées : on ne comblera pas plus les unes que les autres; et au lendemain d'un partage du territoire et des richesses de la France entre tous ses citoyens, — oui, au lendemain même, — l'inégalité reparaîtrait infailliblement avec les goûts dépensiers ou paresseux de ceux-ci, comme avec les instincts d'économie et les efforts laborieux de ceux-là.

22. Et si nous consultons la morale évangélique, elle nous apprend que sans doute, par leur origine et leur destinée, nos âmes sont toutes égales devant Dieu; mais que le dessein de sa Providence est qu'il y ait toujours des riches et des pauvres, toujours des savants et des ignorants, toujours des forts et des faibles, des grands et des petits; afin que la protection et la charité d'une part, la soumission et la reconnaissance de l'autre, donnent à la société humaine un esprit d'union et de dévouement qui fait sa gloire et son bonheur, tandis qu'une complète égalité tournerait au profit de l'égoïsme universel. La morale évangélique nous dit aussi que Dieu, ayant pour jamais établi dans le monde la hiérarchie catholique avec ses ineffaçables distinctions de clercs et de simples fidèles, et, parmi les clercs, de ponti-

ficat suprême, d'épiscopat, de sacerdoce et de diaconat, a également établi une hiérarchie dans l'ordre civil, défendant de travailler au renversement de l'autorité et des chefs légitimes, et commandant même de prier sincèrement pour eux, de les révérer et de leur obéir, parce que toute puissance est ordonnée de lui, et qu'il en est le principe dans la société politique comme il l'est de la paternité dans la famille.

23. Si donc l'égalité est contraire aux privilèges, c'est aux privilèges injustes et déraisonnables; mais non aux exemptions nécessaires et aux privilèges raisonnables, tels que ceux du vieillard qu'on décharge d'un emploi fatigant, du médecin que l'on garde à l'ambulance au lieu de l'envoyer au milieu de la bataille, du savant que l'on dote pour les services qu'il rend à l'industrie de son pays, du professeur ou du prêtre à qui l'on permet de s'occuper des âmes, tandis que le soldat s'occupe de défendre le territoire et la vie matérielle de ses concitoyens; du général ou du préfet à qui l'on rend mille honneurs qu'on n'accorde pas à leurs subordonnés. La société humaine qui voudrait supprimer tous ces privilèges et toutes ces exemptions, ne subsisterait pas une année seulement; et la révolution commet un sophisme aussi dangereux que grossier, en réclamant l'égalité absolue et universelle au nom de l'égalité devant la loi. Ni dans le temps, ni dans l'éternité, cette égalité ne parviendra à s'établir. Au ciel et dans l'enfer, comme sur la terre, l'inégalité est la loi; l'égalité est l'exception.

24. **La fraternité** humaine est un mot sonore et souvent répété par tous les échos de ce temps; mais

c'est un mot bien creux et auquel ne répond guère la réalité des faits et des mœurs. Qui croirait, à voir le monde, et particulièrement la France d'aujourd'hui, que nous vivons à l'époque de la fraternité? Et qui peut se flatter de l'avoir souvent rencontrée ailleurs que sous l'inspiration et sous la forme de la charité chrétienne? Quoi qu'il en soit, c'est une singulière prétention de l'esprit révolutionnaire de vouloir, sous le prétexte et au nom de cette introuvable fraternité, nous conduire au nivellement de tous nos droits, à la destruction de toutes nos traditions, même les plus chères et les plus sacrées, à la spoliation de nos héritages et de nos patrimoines, à la suppression de nos écoles religieuses, à la fermeture de nos églises. Peut-on croire, sans avoir perdu le sens, que la fraternité autorise tout cela, et qu'elle puisse beaucoup gagner à le voir enfin réalisé? L'histoire, d'accord avec la raison, nous montre que cette façon d'entendre et de pratiquer la fraternité conduit inévitablement aux discordes les plus cruelles, aux violences les plus sanglantes, aux guerres civiles les plus affreuses (1).

25. La morale chrétienne fait un bien autre usage de cette notion de fraternité ou plutôt de **charité fraternelle**. Elle s'en sert comme d'un motif très efficace pour réunir ceux que les passions divisent; pour prescrire aux riches de secourir affectueusement les pauvres, et aux savants d'instruire les ignorants et les égarés; pour susciter d'héroïques dévouements à

______

(1) « La fraternité ou la mort ! » criaient les révolutionnaires de la fin du dernier siècle. C'était atrocement absurde, mais bien logique.

toutes les misères de l'humanité; pour rassembler tous les hommes dans les bras maternels de la sainte Eglise et dans le cœur adorable du divin Rédempteur; pour combattre enfin cette impie et terrible révolution qui essaie de corrompre tout ce qu'elle rencontre encore de juste et de vrai sur la terre, et qui, si elle ne peut le corrompre, en abuse avec une audace et une astuce réellement sataniques (1).

26. Au nombre des moyens dont nous disposons en France pour résister à la révolution antichrétienne, pour endiguer son torrent dévastateur, pour reconquérir sur elle le terrain qu'elle a envahi, pour faire légalement abroger les lois dangereuses qu'elle a inspirées et qu'elle s'efforcera de faire adopter encore, — nous devons compter une participation intelligente et consciencieuse aux diverses **élections** prescrites par la constitution française. Qu'il s'agisse des conseils de commune, d'arrondissement ou de département; qu'il s'agisse d'élire des députés ou des sénateurs; il faut que tous les électeurs catholiques votent pour la défense des intérêts sacrés de la religion, de la patrie et de la famille. Ils doivent considérer quels seraient les résultats d'une paresseuse abstention, d'un suffrage honteusement vendu, d'une voix dictée par la vengeance et la passion, d'un appui donné sciemment à l'élément révolutionnaire. Ils doivent hautement réclamer et courageusement revendiquer, pour eux-mêmes et pour leurs concitoyens, la liberté et la dignité du suffrage

---

(1) Cette qualification de *satanique* a été justement appliquée à la révolution par l'un de ses premiers et plus puissants adversaires, le comte Joseph de Maistre.

universel, — se souvenant bien que Dieu sonde les reins
et les cœurs, et que le bulletin déposé dans l'urne
est entièrement ouvert pour lui. La morale catholique n'admet pas qu'on ait deux consciences; qu'on
soit pour Dieu en particulier, et contre Dieu en
public; pour Dieu comme père de famille, et contre
Dieu comme citoyen; pour Dieu à Pâques, et contre
Dieu au jour des élections. Le vote et les élections
ne sont pas, sans doute, l'unique rempart de la
religion et de la patrie contre la révolution; mais ils
sont trop souvent l'arme la plus puissante de la révolution contre la religion et la patrie, et il faudrait
à tout le moins la lui arracher des mains et la retourner
contre elle.

27. Il nous reste à exposer en peu de mots notre troisième et dernier devoir envers notre patrie. C'est
l'**obéissance** exacte et consciencieuse à ses lois justes,
et particulièrement, si nous n'en sommes pas légitimement exemptés, à la double loi de l'impôt et du
service militaire.

28. L'**impôt** (1) est nécessaire à l'entretien et au fonc-
tionnement des institutions nationales, au bon gouvernement des peuples et à la défense de leurs frontières.
La raison nous oblige donc à le payer exactement. Mais
comme elle est assez portée à se laisser prendre aux
sophismes de l'intérêt et de l'égoïsme, elle s'imagine
souvent que la justice ne nous oblige pas aussi rigoureusement envers l'Etat qu'envers les particuliers;
et que, si nous avons réussi à le frustrer en quelque
manière, nous n'avons qu'à nous en réjouir sans

____

(1) Du latin *impositum*, imposé. En effet, l'impôt est imposé par
les lois, et par la nécessité qui est la loi suprême.

nous mettre en peine de réparation et de restitution ; de là les fraudes, les mensonges, les fausses déclarations, les contrebandes. La morale chrétienne n'admet pas ces transactions de la conscience avec l'intérêt. Elle enseigne que l'injustice commise au détriment de l'Etat est coupable comme tout autre injustice ; que le voler, ce n'est pas **voler personne,** mais voler tout le monde ; et que, là comme ailleurs, il faut nécessairement rendre ce que l'on a pris injustement.

29. Le service militaire est bien le plus lourd de tous les impôts, et il a bien mérité le nom cruel d'**impôt du sang.** La guerre est le plus épouvantable des fléaux sous lesquels tremble sans cesse l'humanité. Mais souvent, hélas! c'est un fléau nécessaire; et en ce siècle surtout il ne cesse d'imposer aux nations européennes les armées permanentes, le passage de presque toute la jeunesse à la caserne, et les ruines morales et matérielles qui en résultent fatalement. Heureusement, la religion est riche de consolations, de secours et de forces, pour contrebalancer un poids si écrasant. Où la philosophie se déclare impuissante à expliquer et à soulager de si grands maux, la morale catholique montre l'expiation nécessaire des crimes commis contre Dieu par les nations, et l'utile impulsion donnée aux mâles vertus d'abnégation, de sacrifice, de discipline et de courage militaires. Elle assure au métier des armes son véritable honneur et sa véritable noblesse, en lui confiant, comme à la chevalerie du moyen-âge, la protection du droit et de l'innocence, la défense de toute faiblesse et de toute

pureté morale. Elle inspire, moyennant la foi en Dieu et l'espoir en ses éternelles récompenses, le mépris des dangers et de la mort ; l'horreur profonde de toute trahison, de toute désertion, de toute lâcheté ; l'indomptable fidélité au drapeau, symbole sacré de la religion, de la patrie et de la famille. Et comme elle rappelle sans cesse au soldat la pensée de la justice divine et du péril affreux où nous expose un seul péché mortel, elle sait faire régner la douceur et la sainteté des mœurs au milieu des armées, et mettre au cœur du guerrier chrétien la flamme de l'amour de Dieu et la rosée de la piété, en même temps que le feu du plus ardent héroïsme et que l'énergie de la plus haute fierté militaire.

30. Mais le jour où le soldat matérialiste et athée serait le seul à soutenir notre drapeau ; le jour où la croyance à l'âme immortelle et à l'éternelle justice de Dieu ne ferait plus battre les poitrines de la jeunesse française ; le jour où la main chargée de porter l'épée des saint Louis, des Turenne et des Condé, ne saurait plus tracer le signe de la croix : ce jour-là verrait la fin de la France : les sabres s'inclineraient honteusement devant le fer de l'ennemi ; les cuirasses ne recouvriraient plus que des cœurs lâches ; et nos étendards demeureraient ensevelis dans une fange ensanglantée.

31. Mais alors même, c'est notre invincible espoir, Dieu et son Eglise prendraient en pitié ce peuple tombé. Ils redonneraient à ses fils la foi de leurs pères ; des mains chrétiennes ressaisiraient l'épée abandonnée ; des poitrines courageuses revêtiraient la cuirasse des anciens preux ; et, purifié dans un

nouveau baptême, l'on reverrait l'étendard de la France abriter encore dans ses plis la croix de Jésus-Christ et la tiare du Pontife de Rome.

RÉSUMÉ DU TROISIÈME CHAPITRE

1. *Qu'est-ce que la patrie ?*

C'est la nation à laquelle nous appartenons par nos ancêtres et notre naissance ; c'est le sol sacré qui fut notre berceau comme il est le tombeau de nos aïeux.

2. *Qu'est-ce que la France pour nous, catholiques ?*

Pour nous, catholiques, la France n'est pas seulement le plus beau des royaumes de la terre et la plus noble des patries ; elle est aussi la nation très chrétienne et la France de Jésus-Christ, fille aînée de l'Eglise romaine.

3 *La religion catholique exclut-elle le patriotisme ?*

Loin d'exclure le patriotisme raisonnable et bon, la religion catholique le prescrit, l'inspire et l'enflamme ; ce qu'elle exclut, c'est le cosmopolitisme révolutionnaire, et le chauvinisme aveugle qui dégénère en haine aveugle de l'étranger et en manie funeste pour la patrie elle-même.

4. *Que doivent à la France les enfants de ses écoles ?*

Ils lui doivent de se bien préparer à la bien servir en profitant soigneusement d'une éducation vraiment nationale et vraiment française.

5. *Qu'entendez-vous par éducation vraiment nationale et vraiment française ?*

J'entends l'éducation qui a fait la France elle-même, la France glorieuse et chevaleresque de tous les siècles ; et cette éducation n'est pas autre que l'éducation catholique.

6. *Quel est le grand ennemi de la France contre lequel il faut se préparer à lutter toute la vie ?*

C'est la révolution, c'est-à-dire la négation de l'autorité de Dieu et de l'autorité émanée de Dieu dans le monde.

7. *Est-ce que l'autorité de ceux qui gouvernent ne vient pas uniquement de ceux qui les ont élus ?*

Non, l'autorité des élus ne vient pas uniquement des électeurs ; ce sont bien les votes de ceux-ci qui désignent les personnes chargées d'exercer l'autorité ; mais l'autorité vient de Dieu lui-même, sans lequel il n'y aurait aucun pouvoir légitime.

8. *Que pensez-vous donc des lois et des actes qui seraient opposés à la notion de Dieu, à son autorité, à ses lois et à ses actes ?*

Je pense que toute loi et tout acte en contradiction avec Dieu et avec la volonté divine sont essentiellement injustes et illégitimes.

9. *Tout ce que la nation décide par ses suffrages n'est donc pas nécessairement juste et légitime ?*

Non, tout ce que la nation décide par ses suffrages n'est pas nécessairement juste et légitime, et la souveraineté nationale n'est pas au-dessus de Dieu et de ses lois.

10. *Comment faut-il admettre la liberté attribuée à tous les Français par une formule célèbre ?*

Cette liberté universelle doit être admise avec les restrictions que la morale naturelle, la morale révélée, le droit français lui-même, lui imposent.

11. *N'avons-nous donc pas toute liberté de conscience, de travail, de réunion, d'association ?*

Il serait bien souhaitable que nous eussions en fait et en pratique toutes ces libertés, pourvu qu'elles fussent conformes à la loi divine et réglées par la morale catholique.

12. *Comment faut-il admettre l'égalité prônée par la même célèbre formule ?*

Il faut admettre l'égalité entendue au sens catholique, avec le respect de l'autorité et des droits individuels, avec le maintien nécessaire des diverses classes providentiellement instituées parmi les hommes ; mais il est impossible d'admettre l'égalité révolutionnaire et absurde de tous les hommes en toutes choses.

13. *Comment faut-il accepter la fraternité qui complète la fameuse formule déjà citée ?*

Il faut accepter la vraie fraternité qui rapproche et qui unit; il faut rejeter la fausse fraternité qui sépare et qui divise; la vraie est celle des chrétiens; la fausse est celle des révolutionnaires et des athées.

14. *Comment faut-il envisager et pratiquer le droit de vote ou de suffrage ?*

Il faut envisager ce droit comme un moyen de faire quelque bien et d'empêcher quelque mal; et il faut en user courageusement, consciencieusement, chrétiennement.

15. *Est-on obligé de payer l'impôt ?*

Oui, et quoi qu'en pensent certaines consciences peu chrétiennes et peu délicates, la morale catholique nous enseigne qu'il n'est pas plus permis de voler l'Etat qu'un particulier.

16. *Que pensez-vous du service militaire ?*

Je pense que ce lourd impôt du sang, pour ne pas être cruellement funeste à qui l'exige et à qui le paie, doit emprunter à la religion le nécessaire contrepoids de ses consolations, de ses lumières et de ses vertus.

APPENDICE

PROGRAMME D'INSTRUCTION RELIGIEUSE ET MORALE

POUR LES ÉCOLES CATHOLIQUES DU DIOCÈSE DE CAMBRAI (1)

COURS ÉLÉMENTAIRE (Enfants de 7 à 9 ans.)

1. Dans ce cours, l'enseignement religieux et moral, enseignement inséparable comme la religion et la morale, est donné *théoriquement* sous la double forme du *Catéchisme* et de l'*Histoire Sainte*. — a.) Quant au *Catéchisme*, le rôle du maître est d'en faire apprendre et réciter le texte, soit d'après ce programme, soit d'après les instructions du prêtre catéchiste. C'est à celui-ci qu'appartient entièrement la direction de l'enseignement religieux et moral ; c'est à lui qu'est réservée l'explication du catéchisme ; et les instituteurs et les institutrices ne doivent pas aller au delà d'une simple explication des mots dont l'obscurité serait un obstacle à l'étude du texte et à l'exercice de la mémoire. — b.) Quant à l'*Histoire Sainte*, le maître en fera comprendre les agréables et utiles leçons, et en montrera la portée et les applications morales.

2. Concurremment avec le clergé et les familles, le maître catholique donnera soigneusement aux enfants un enseignement *pratique* et *continuel* de la religion et de la morale chrétienne, joignant ainsi l'éducation du cœur à l'instruction de l'esprit, et la formation de la volonté à celle de l'intelligence. Des récits et entretiens familiers d'un caractère profondément catholique, des lectures bien choisies, des conseils, des encouragements et réprimandes inspirés par la foi, et surtout de constants exemples de religion et de vertu : tels sont les vrais moyens à employer pour réussir dans cette haute et si importante mission.

(1) Ce Programme, extrait du Programme général publié par l'autorité métropolitaine pour les écoles libres et catholiques du diocèce de Cambrai, présente plusieurs avantages aux lecteurs de nos *Principes*. Il en indique clairement le plan ; il en est le résumé succinct ; il les adapte à la division ordinaire de l'année scolaire en dix mois. De plus, il renferme des considérations et des conseils d'une grande utilité pour les maîtres chargés d'enseigner la morale catholique.

COURS MOYEN (Enfants de 9 à 11 ans.)

Les observations faites pour le cours élémentaire ont ici toute leur application. Rappelons seulement aux maîtres catholiques que l'enseignement théorique de la religion et de la morale, et le travail pratique de l'éducation chrétienne, exigent beaucoup plus de soin, d'application et de zèle, dans la période préparatoire à la première communion.

COURS SUPÉRIEUR (Enfants de 11 à 13 ans.)

1. C'est principalement dans ce cours qu'il faut donner aux élèves de solides convictions religieuses et de fortes habitudes morales. L'étude du *Catéchisme* continuera à servir de base à l'enseignement théorique de la religion et de la morale religieuse. — L'Histoire Sainte sera remplacée par l'Histoire de l'Église, si riche, elle aussi, en grandes leçons et en bons exemples.

2. La *morale catholique* devient ici l'objet de leçons spéciales pour lesquelles les maîtres devront s'inspirer des conseils de leurs pasteurs et des livres recommandés par l'autorité ecclésiastique.

3. Ils ne perdront jamais de vue que cet enseignement de la morale est tout simplement le développement de la partie *pratique* du catéchisme avec de prudentes applications aux conditions actuelles des individus, de la famille et de la société.

4. Ils seront attentifs à n'exagérer ni les forces ni les défaillances de la raison humaine et de la morale naturelle; et surtout ils se souviendront que l'humanité, élevée par Dieu à une destinée et à des devoirs surnaturels, ne doit connaître et suivre qu'une seule et unique morale, la morale révélée, la morale de Jésus-Christ et de son Église, la morale catholique, en laquelle sont contenues et intégralement conservées toutes les prescriptions de la vraie morale naturelle. — Le but de ces leçons de morale n'est donc pas de substituer quoi que ce soit à l'enseignement du catéchisme, mais de le faire mieux comprendre et mieux pratiquer.

Octobre. — Introduction. — Définition de la morale; sa nécessité. — Deux degrés de morale; morale *naturelle* (rationnelle, philosophique); morale *surnaturelle* (révélée, évangélique, chrétienne, catholique). Leurs différences et leurs relations. Insuffisance de la morale naturelle. Caractère obligatoire de la morale surnaturelle. Ses rapports avec le catéchisme. — Sa division en trois parties : 1. morale générale; 2. morale individuelle; 3. morale sociale.

Novembre. — MORALE GÉNÉRALE. — I. *Les actions et mœurs humaines*. — Définition des actions et mœurs humaines; *actes humains* proprement dits. — La liberté humaine; en quoi elle consiste; son existence; erreurs de la raison et doctrine de l'Église sur ce point capital. — Conséquences de la liberté; responsabilité et imputabilité, mérite et démérite.

Décembre. — II. *Les lois morales*. — La liberté humaine est restreinte par des lois. — Définition de la loi. — Dieu, premier législateur; double loi divine morale : 1º loi éternelle (naturelle, nécessaire); 2º loi positive. — Lois humaines, dérivées de la loi divine. — Absurdité de la morale athée ou indépendante. Inanité de toute législation morale qui cherche son point d'appui dans l'intérêt ou le plaisir de l'homme, indépendamment de Dieu. — Dieu, bien suprême, est ce point d'appui nécessaire, et il est, en même temps, notre intérêt et notre bonheur suprêmes. — Notion catholique du devoir et du droit établis sur la même base divine.

Janvier. — III. *Application des lois morales aux actions et mœurs humaines*. — Actions bonnes, mauvaises, indifférentes, dans l'ordre simplement naturel. Sanctions divines du bien et du mal entrevues par la raison. — Actions surnaturellement bonnes; secours nombreux et puissants mis à notre disposition pour les accomplir. Sanctions divines, telles que la révélation nous les fait connaître. — La conscience; ce que c'est; nécessité de lui donner une formation chrétienne; l'examen de conscience; valeur des décisions de la conscience. — Habitudes morales; vertus et vices; vertus cardinales; vertus surnaturelles; vertus théologales.

Février. — MORALE INDIVIDUELLE. I. *Nos devoirs envers Dieu*. — Ce que Dieu est pour nous : 1º dans l'ordre naturel : créateur, conservateur, moteur, but final, roi et providence du monde, source infinie des êtres, juge incorruptible de nos actions et de nos mœurs; conséquences que la droite raison déduit de là; 2º dans l'ordre surnaturel : Dieu sanctificateur et père de nos âmes, docteur de nos intelligences, souverain rédempteur de notre race, consommateur de notre gloire par la communication de la sienne; conséquences que la foi tire de chacun de ces attributs divins.

Mars. — II. *Nos devoirs envers nous-mêmes.* — Ce que l'homme est pour lui-même; non pas son tout, sa fin dernière, son maître absolu, mais le dépositaire de sa vie morale et physique; données de la raison et de la foi sur ce double dépôt. Conséquences pratiques : religieux respect de soi-même; noble et sainte fierté; exercice de toutes les vertus morales; emploi des moyens divinement institués pour la conservation et l'accroissement de la vie surnaturelle. — Horrible culpabilité du suicide. Soin raisonnable de notre corps; façon dont la morale catholique veut qu'il soit respecté et gouverné. — Les biens extérieurs; comment il faut les estimer; notion chrétienne du travail, de l'économie et de l'épargne.

Avril. — III. *Nos devoirs envers les autres hommes.* — Ce qu'ils sont pour nous; 1º suivant la raison : nos semblables et nos égaux; donc ne pas leur faire ce dont nous ne voudrions pas pour nous, et leur faire ce que nous souhaiterions pour nous; 2º suivant la foi : ils sont nos frères et cohéritiers en Jésus-Christ, d'où le grand précepte catholique de la charité fraternelle. — En vertu de ces différents principes, défense de nuire à la vie spirituelle et corporelle du prochain; énormité du duel; défense de nuire aux biens d'autrui; le droit de propriété; restitution des dommages causés. — Admirables résultats de la charité catholique.

Mai. — MORALE SOCIALE. I. *Lois communes à toute société.* — Obligation de faire le bien et principalement de servir Dieu, auteur et consommateur de tout bien. — Obligation de respecter l'autorité, non seulement à cause de sa nécessité sociale, mais surtout à cause de son caractère divin. — Obligation d'accorder à tous les membres de la société ce que prescrivent la charité et la justice; protection de leur vie morale et matérielle, conformément aux principes de la foi catholique.

Juin. — II. *Lois particulières à la famille.* — Caractère essentiellement religieux et sacré de la famille; obligation d'en tenir compte. — Unité et indissolubilité du mariage suivant la révélation. — Affection sainte et fidèle des époux. — Devoirs imposés par la saine raison et la religion aux parents envers leurs enfants, et réciproquement. — Affection fraternelle inspirée par le christianisme. — Ce qu'il enseigne quant aux relations entre maîtres et serviteurs, patrons et ouvriers. — Notion catholique de l'école; vertus qui doivent s'y pratiquer.

Juillet. — III. *Lois particulières à la patrie.* — La France chrétienne. — L'aimer ardemment. — Se préparer, par une éducation vraiment nationale, c'est-à-dire catholique, à la bien servir. — La défendre contre les périls de la révolution; et, pour cela, se garder d'interpréter dans un sens erroné les formules de souveraineté nationale, de volonté du peuple, de suffrage universel, de liberté (liberté individuelle, liberté de conscience, de travail, de réunion et d'association), d'égalité et de fraternité : sens raisonnable et chrétien qu'il faut y attacher. — Votes et élections ; dans quel esprit il faut y prendre part. — Obéissance consciencieuse aux lois justes de la patrie, notamment à celles de l'impôt et du service militaire ; le soldat chrétien.

Août. — Révision du cours.

TABLE

— Lille. Typ. J. Lefort. 1884 —